KB189677

하늘의 비상경보

하늘의 비상경보

초판 1쇄 인쇄 2014년 12월 12일
초판 1쇄 발행 2014년 12월 17일

지은이   이 정 화
펴낸이   손 형 국
펴낸곳   (주)북랩
출판등록   2004. 12. 1(제2012-000051호)
주소   서울시 금천구 가산디지털 1로 168,
            우림라이온스밸리 B동 B113, 114호
홈페이지   www.book.co.kr
전화번호   (02)2026-5777
팩스   (02)2026-5747

ISBN   979-11-5585-447-1 03230(종이책)
          979-11-5585-448-8 05230(전자책)

이 도서의 국립중앙도서관 출판시도서목록(CIP)은 서지정보유통지원시스템 홈페이지(http://seoji.nl.go.kr)와
국가자료공동목록시스템(http://www.nl.go.kr/kolisnet)에서 이용하실 수 있습니다.
(CIP제어번호 : CIP2014036331)

하늘의 비상경보

이정화 지음

북랩 book Lab

오래전에 하나님이 나에게 처음으로 다가왔을 때 첫사랑처럼 가슴 두근거리던 설렘과 황홀한 느낌을 아직도 기억하고 있다. 그분에게 온전히 사로잡혔을 때 하나님과 나와의 사이에는 아무런 벽이 없었다. 그때 하나님과 나는 참으로 많은 대화를 나누었고 나에게 많은 말씀을 주셨다. 그분이 주시는 메시지들이 너무 엄청나고 두려운 내용들이 많아서 그 당시에는 솔직히 많이 무섭고 두려웠다. 그래서 세상에 공개하지 못하고 꼭꼭 숨긴 채 나 혼자만 간직하고 있었다.

요즘 세상에 일어나는 일들을 살펴보면 얼마나 두렵고 무서운 일들이 많은지, 말세지말이라고 해도 될 것 같다. 세상이 더욱 악해지고 타락하고 있는데, 주님이 오실 날이 가까워지고 있는데, 교회에서는 오늘도 평안하다고 외치며 세상에서 복을 받기를 기도한다. 나 역시 하나님과 세상 사이에서 적당하게 양다리를 걸치고 이리 갔다가 저리 갔다가 하고 있으니 얼마나 한심스러운지 모르겠다.

이제는 하나님을 향한 나의 첫사랑을 회복하고 싶다. 그분에게 온전히 붙들림을 받았을 때가 가장 행복하였음을 이제 고백한다.

이 책은 크게 1부와 2부로 구성되어 있다. 1부에서는 본인의 간증글과 하나님께 받은 메시지들을 수록하였고, 2부에서는 직접 쓴 신앙시 32편을 수록하였다.

네가 이같이 미지근하여 더웁지도 아니하고 차지도 아니하니 내 입에서 너를 토하여 내치리라.

-요한계시록 3:16

하나님이 나에게 간증책을 출판하라고 말씀하신 지가 어느새 10년이 훌쩍 지났다. 그동안 요나처럼 이리저리 하나님을 피해 다니며 순종하지 못했다.

오랜 세월을 돌고 돌아 이제야 그분에게 순종하고 싶은 마음으로 이 책을 세상으로 내어 보낸다. 본인의 간증글도 있지만 더 중요한 것은 말세에 대한 경고의 메시지들이다. 이 책이 주님의 재림을 기다리며 하루하루를 기도하며 살아가는 크리스천들에게 조금이나마 도움이 된다면 매우 기쁠 것이다.

아직도 늦지 않았다면 하나님께 이 모든 영광을 돌려 드리고 싶다.

여호와께서 사람의 걸음을 정하시고 그 길을 기뻐하시나니 저는 넘어지나 아주 엎드러지지 아니함은 여호와께서 손으로 붙드심이로다.

―시편 37:23~24

주 여호와께서는 자기의 비밀을 그 종 선지자들에게 보이지 아니하시고는 결코 행하심이 없으시리라.

―아모스 3:7

2014년 겨울 초입에 이정화

CONTENTS

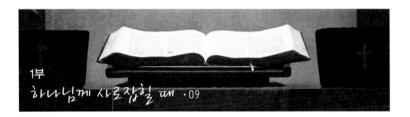

1부
하나님께 사로잡힐 때 ·09

2부
영혼을 위한 잠언시 ·141

1부
하나님께 사로잡힐 때

하나님이 나에게 말씀하시다

성령세례를 받고 방언과 통변의 은사를 받은 후에 하나님은 나에게 친히 말씀하시기 시작하셨다. 이렇게 말하면 하나님이 사람의 음성으로 나에게 말씀하신 것으로 오해하시는 분들이 있을지도 모르겠다. 그런 뜻이 아니고 내가 방언으로 기도를 하면 나의 음성으로 통변하게 되는데, 그때 하나님이 나의 입술을 통하여 말씀하신다는 뜻이다.

때로는 나의 생각을 통하여 번개처럼 하나님의 계시를 알려주시는 경우도 있었다.

내가 아신대 대학원에 입학해서 처음에 너무 힘들어서 한 학기만 마치고 그만두려고 할 때였다. 그때 하나님은 나의 방언 기도와 통변을 통하여 다음과 같은 말씀을 주셨다.

마음이 연약한 자여, 네가 또 무엇을 근심하느냐? 내가 이미 너에게 다 말해 주었지 않느냐? 나는 한 번 말한 것은 결코 변개하지 않는 여호와니라. 네가 무엇을 의심하느냐?

의심하는 자는 이미 그 마음에 정죄함을 받았나니 아무것도 이루지 못하리라.

내가 너를 높여주기로 작정하였노라. 내가 너를 아세아연합신학대학원으로 보내지 아니하였느냐? 너는 이제 그곳에서 열심히 공부해서 졸업을 해야 한다. 네가 그곳에서 석사 학위를 받으면 내가 너를 또 다른 곳으로 인도하리라. 박사가 되고 교수가 된다는 것은 쉽지 않은 일이다. 하지만 내 안에서 불가능한 일이 있겠느냐?

내가 네 안에 거하고 너 또한 나의 말을 믿으면 끝까지 이겨내리라. 네가 영광의 면류관을 얻을 것이다. 네가 지금 중간에서 포기하고 그만 둔다면 세상 사람들이 너를 조롱할 것이다. 또한 나를 믿지 않을 것이다.

비록 공부하는 것이 어려울지라도 너는 최선을 다하여야 한다. 그것이 네가 살 길이다.

아세아연합신학대학원은 내가 지극히 사랑하는 곳이다. 그곳에서 너는 너를 도와 줄 많은 사람들을 알게 될 것이다. 그들과 좋은 관계를 유지하여라. 나중에 네가 많은 도움을 받게 될 것이다. 그들을 도와주어라. 그리하면 너도 도움을 받게 될 것이다. 도와 줄 일이 생기면 피하지 말고 도와주어라. 나중에 네가 그 배로 도움을 받을 것이다.

사랑하는 딸아, 내가 너를 사랑한다. 내가 너를 지극히 사랑하노라. 너는 나를 의심하느냐? 지금 내가 너에게 크게 말하지 않는다고 해서 나를 의심하지 말라. 너의 예전 형편을 생각해보아라. 그때는 내가 이처럼 너에게 직접 말해 주지 않았느니라.

지금은 이렇게 나의 뜻을 너에게 직접 말해 주고 있지 않느냐?

나는 영이니라. 내가 너와 함께 대화할 때엔 영과 영이 대화를 하는 것이니라.

너는 그것을 잘 이해해야 한다.

방언은 나에게 직접 기도하는 통로이다. 네가 무슨 말을 하는지 알지 못하여도 나는 너의 방언기도를 다 알아들을 수 있느니라. 방언 기도는 천사도 마귀도 알아듣지 못하고 오직 나만 알아들을 수 있느니라. 내가 너의 방언 기도를 통하여 너의 모든 문제를 내가 알게 되느니라. 너희가 기도하지 아니하고 내가 너희의 모든 형편을 살펴 알고 있으리라고 기대하지 말라. 너희가 한시라도 기도하지 아니하면 내가 너희의 문제에 응답할 수가 없느니라.

방언 기도는 성령이 너희에게 시키시는 기도니라. 날마다 한 시간 이상씩 방언으로 기도하면 너희가 많은 권능을 받으리라. 앞으로 다가올 큰 환란에 너희가 구원을 받으리라.

하지만 날마다 기도하지 않는 자는 임박한 대환란에서 결코 피하지 못하리라. 그날은 참으로 위험한 날이니라. 두 사람이 있으매 한 사람은 구원을 받고 한 사람은 이 땅에 그대로 남으리라. 환란이 지극히 극심하므로 자다가도 도망할 겨를이 없으리라. 신발 신을 경황도 없을 것이다. 그날에 아이 밴 자들과 젖먹이는 자들에게 큰 화가 있으리로다. 그들이 임박한 재앙을 어찌 피할 수 있겠느냐.

그러므로 너희는 속히 말씀으로 무장하고 성령충만을 받아야 할 것이니라. 그날에 성령을 받지 않은 자는 한 사람도 구원을 받지 못할 것이다. 그날에 휴거를 받지 못하고 이 땅에 남은 자들은 큰 환란을 피하지 못하리라. 그들이 어찌 그 환란을 감당할 수 있겠느냐. 너는 너의 가족과 너의 남편을 위하여 금식 기도하여라. 너는 구원을 받았지만 너의 자녀와 너의 남편은 앞으로 어찌 될지 알지 못하느니라.

그 때와 시간에 대하여는 알려고 하지 말라. 그 때와 시간은 아무도 알지 못하나니 멸망의 때가 홀연히 이 땅에 거하는 모든 사람들에게 다가오리라. 그러므로 너희는 능히 이 재난을 피할 수 있도록 날마다 깨어서 기도하며 준비하고 있어야 한다. 그 때와 시간은 알지 못함이니라.

할 수 있거든 너희는 많은 사람들을 전도하여라. 그리하면 하늘에서 너희의 상급이 클 것이다. 한 영혼을 나에게 인도하면 너희는 생명의 면류관을 얻게 될 것이다. 천국에서 너희가 영광을 받으리라.

너희 나라는 지금 심한 위기 속에 처해 있다. 정치·경제·사회적으로 모든 것이 병들었고 부패해 있도다. 회생되기가 지극히 어려울 것이다.

서울의 땅은 지금 소돔과 고모라보다 더 타락해 있음을 내가 아노라. 하지만 아직도 기도하는 의인들이 많으므로 내가 너희 나라를 축복하여 풍년을 주었다. 하지만 아직도 회개하지 아니하고 계속 타락의 길을 걸어가면 서울도 소돔과 고모라처럼 심판을 면하지 못할 것이다.

너희는 삼가 주의하여 때와 상황을 잘 살펴보아라. 지금 북한이 전쟁 준비를 완료해 놓고 기회만 노리고 있느니라. 내가 명하면 그들이

삽시간에 서울을 침략할 것이다. 하지만 내가 아직 그들을 견제하고 있느니라. 내가 너희 나라를 사랑하기 때문에 너희의 모든 죄악과 허물을 참고 있느니라. 하지만 더 이상 시간이 없다. 나의 참음과 인내에는 한계가 있느니라.

나는 공의의 하나님이므로 너희가 불의를 하였을 때에는 나의 심판을 받을 것이다. 올해를 잘 넘겨야 할 것이다. 지금 온 나라가 대통령 선거로 들끓고 있느니라. 너희는 삼가 조심하여라. 북한의 이리떼가 서울을 겨냥하고 있느니라. 앞으로 다가올 겨울을 조심하라. 그들이 굶주린 맹수처럼 서울을 침공하리라. 서울의 하늘에서 땅에서 바다에서 그들이 붉은 깃발을 휘날리며 공격해 오리라.

그때에 불의에 빠진 자들은 대낮에 수치를 당하리라. 그들이 벌거벗은 채로 길거리로 도망하며 사람들이 우왕좌왕하며 피할 곳을 찾으리라. 그들이 너희를 비웃겠고 능욕하리라. 교만한 자들은 그 머리가 꺾여질 것이며 탐욕이 가득한 자는 그의 재물과 함께 화를 당하리라.

서울이여, 슬퍼하고 애통할지어다. 앞으로 네가 받을 고통을 생각하고 애통할지어다. 너는 사치에 눈멀었고 돈에 팔려 가장 추악한 땅으로 몰락하였도다. 너의 의가 어디에 있느냐. 서울이여, 회개하고 나에게 돌아올지어다. 너의 죄가 주홍같이 붉을지라도 내가 용서해 주리라. 앞으로 네가 큰 고통을 받아야 하리니, 너는 수치에 몸을 떨고 분노로 일그러지리라.

서울아, 서울아, 네가 어찌 고통을 당하는고. 너는 세계 모든 나라의 부러움의 대상이 되었건만 이제는 비난과 멸시와 조롱거리로 떨어졌구나.

너희 중에 구원받을 자가 지극히 적도다. 너희 중에 과연 몇 명이 구원받겠느냐.

죄악의 땅, 서울에서 의인들은 다 나올지어다. 더 이상 서울을 위하여 기도하지 말라.

이미 서울은 심판받기로 작정되었나니 결단코 피하지 못하리라. 모든 권력자와 아래로 비천한 자들까지 그들이 졸지에 기습을 받으리라.

서울이 크게 무너지리라.

63빌딩도 무너지고 청와대도 불에 타고 큰 교회와 한강 다리들이 부서져 내리리라.

광화문도 공격받고 종로와 동대문과 여의도도 공격받으리라. 그날에 안전한 곳이 어디 있겠느냐.

하지만 의인들은 내가 피할 곳을 마련해 주리라. 의인들의 집은 환란이 피해가리니 그들의 문설주마다 나의 보혈이 발라져 있기 때문이니라. 전 국토가 침략자의 군화에 짓밟히리라. 그날은 전쟁의 날이요, 대환란의 날이다. 그들이 너희를 잡아가고 너희 자녀와 너희 재물을 노략질해 가리라.

마음이 교만한 자들이여! 사치와 방종에 길들여진 자들이여, 너희는 삼가 조심할지어다. 그날이 덫과 같이 너희를 사로잡으리니 결단코 피하지 못하리라.

IMF와 마지막 날에 대하여

1998년 4월 8일에 하나님으로부터 받은 예언의 말씀이다. 첫 예언을 받은 지 1년 3개월 만에 받은 예언의 말씀으로, 주로 IMF와 말세에 일어날 일에 대하여 언급하셨다.

너희는 때와 시기를 잘 분별하여라. IMF가 끝이 아니라 시작이니라. 너희는 이제부터 길고 어두운 터널 속을 지날 것이다. 한 사람도 예외는 없으리라. 너희는 모두 경제적으로 고통을 받고 신음하게 될 것이다. 너희 나라를 믿지 말라. 너희가 다시 일어설 수 있다고 생각하지 말라. IMF는 내가 준 환란이니 결단코 피하지 못하리라. 믿는 자나 믿지 않는 자나 모두 그 그물에 걸려들리라.

너희가 너희의 부요로 인하여 타락하였으므로 이제 내가 너희의 부요를 거두어 가려고 하느니라. 누가 나의 일을 막을 수 있겠느냐. 너희가 이제는 장밋빛 미래를 꿈꾸지 말라. 부자나 가난한 자나 모두 IMF라는 괴물로 시달림을 받으리라. 기업들은 아무리 대기업이라 할지라도 결코 서 있지 못하리라.

너희가 6·25 이후를 생각해보아라. 이제 너희는 빈손으로 다시 시작해야 하리라. 너희가 계속 옛 생각에만 사로잡힌다면 결코 이 어려움을 극복하지 못하리라. 그래도 내가 아직 너희 나라를 사랑하므로 적군의 손에 붙이지 않고 있음을 다행으로 생각할 지어다.

너희는 굶주림에 떠는 북한을 도와주어라. 그것이 나의 뜻이다. 너희가 너희 동포 형제를 도와주지 않으면서 어찌 나를 사랑한다고 말할 수 있겠느냐.

이제 내가 두고 보리라. 너희의 행함을 지켜보리라. 오랫동안 부요함에 빠진 너희 교회들은 이제 회개할지어다. 너희가 서로서로 대형 교회 건축에 혈안이 되어 경쟁하듯 교회 건물을 크게 짓고 있었도다. 이 어려운 때에 너희 큰 교회들아, 정신을 차리고 어려운 사람들을 도와줄지어다. 이 날을 위해서 내가 너희들에게 물질을 주었노라.

너희가 정신을 차리지 못하고 가난한 자들을 도와주지 않는다면 내가 직접 너희 교회들을 심판하리라. 너희 교회들이 무너지리라. 너희가 앞으로 계속 내핍생활을 해야 하리라.

이제는 너희 나라를 누가 도와주겠느냐. 너희들 스스로 정신을 차려서 기도하며 깨어 있어야 하리라.

멸망의 날이 홀연히 다가오리니 IMF는 아무것도 아니리라. 너희가 더 이상 이 땅에서 영원히 살 것을 바라지 말지어다. 이 땅에는 더 이상 소망이 없으리라. 영적인 눈으로 세상을 바라보아라. 이미 이 땅은 마귀들이 사로잡고 있도다. 너희가 이 땅에 있는 한 그들의 사슬 속에서 풀려나지 못하리라. 보라, 이제 때가 이르리니 적그리스도가 나타

나서 세상 거민들을 지배하게 되리라. 한 나라도 예외는 없으리라. 앞으로 모든 것이 세계 정부의 통제와 지배를 받으리라.

앞으로는 화폐도 사라지고 오직 666표시만 유일하리라. 세상 만민들이 오직 666표시로 모든 생활을 유지해 나가리라. 이제 마귀가 모든 세상을 사로잡으리라. 너희가 눈앞의 것만 급급해 하지 말고 그 이면에 있는 사탄의 정체를 분별하여라. 그것이 영적인 분별력이니라.

앞으로 이 세상은 잠시 잘 되는 것 같다가 영원히 돌이킬 수 없는 지옥의 나락으로 곤두박질쳐 내릴 것이다. 때가 얼마 남지 않았으니 너희들은 속히 복음을 전할지어다.

세월을 아껴라. 내가 곧 오리라. 그날에 깨어 있지 않은 자는 결코 구원을 받지 못하리라. 그들이 세상의 큰 고통 속에서 허우적거리리라.

교회도 사라지고 성도도 휴거되고 성령도 거두어 지리라. 그리고 나면 세상은 그야말로 암흑천지로 돌변하리라. 지금 너희가 겪는 고통과 결코 비교할 수 없는 고통을 겪으리라.

너희가 세상의 방백을 의지하지 말라. 너희가 세상일에 마음을 빼앗기지 말라. 오직 나의 일에 마음을 쏟을지어다. 그리할 때 나의 영이 너희를 안전한 곳으로 인도할 것이다. 너희가 세상에서 권력과 명예를 얻으려고 하지 말라. 너희가 스스로 높아지려고 하면 마귀의 올무에 걸려 들 것이다.

삼가 조심할지어다. 무엇이 육체의 일이며 무엇이 성령의 일인지 잘 분별하여라. 너희가 세상에서 자랑하려고 하지 말라. 마귀는 끊임없이 너희들에게 그럴듯한 미끼로 너희를 시험에 빠트리려고 하리라. 결코 넘어가지 말라. 속지 말 것이다.

마귀는 평강을 가장한 천사의 모습으로 너희에게 다가오리라. 모든 학문에서, 사상에서, 종교에서, 운동에서, 예술에서 마귀가 침투해 있음을 깨달아야 한다. 너희가 마귀의 계략 속에 말려들지 말지어다.

앞으로는 교회를 잘 선택해야 한다.

너희가 영적인 눈으로 교회를 잘 파악하여라. 교회라고 다 같은 교회가 아니니라. 무엇이 생명의 말씀인지 잘 분별하고 들을지어다. 마귀는 언제나 물질과 이 세상의 권세로 우리를 유혹하려고 하느니라.

너희가 날마다 나의 십자가를 지고 나를 따르지 않으면 결단코 나의 나라에 들어오지 못하리라. 천국에 들어가는 것을 쉽게 생각하지 말라. 너희가 그만한 대가를 지불하여야 나의 나라에 들어올 것이다. 이 땅에서 너희가 배부르고 건강하고 잘 산다면 그만큼 나의 나라에 들어오기가 어려움을 알아야 한다.

지금 대부분의 교회가 잘못된 복음을 전하고 있도다. 물질과 건강과 명예로 나의 복음을 오염시키고 있도다.

사로잡았도다. 마귀가 나의 복음의 진리를 세상적인 것으로 물들이고 있도다. 속지 말지어다. 너희가 세상의 달콤한 안락 속에 빠질 때 마귀가 너희를 사로잡으리라.

심지어 거룩한 나의 성전 안에서 과외를 일삼고 세상적인 것으로 가득히 채우며 나의 성전을 세속적인 것으로 바꾸어 놓았도다.

나의 사명을 온전히 감당하지 못하는 교회는 내가 나의 촛대를 옮겨 가리라.

너희들이 언제까지 세상적인 것들을 추구하겠느냐. 너희들이 나를 믿는다고 하면서 실상은 재물과 건강과 명예를 믿고 바라고 있도다. 너희가 물질을 많이 가졌다고 해서 그것이 나에게서 축복받은 것이라고 착각하지 말지어다. 이 세상의 물질들은 실상은 마귀의 세력 하에 지배되고 있느니라. 너희가 결코 속지 말지어다.

아브라함이 부자였다고 해서 너희도 부자가 되어야 한다고 생각하지 말지어다.

그때는 구약시대였고 지금은 신약시대니라. 너희가 스스로 가난하게 살아야 하리라.

그리할 때 너희가 부하게 되리라.

돈은 일만 악의 뿌리니, 너희가 돈에 대한 욕심을 버리지 못한다면 결단코 나의 나라에 들어오지 못하리라. 너희가 재물과 나를 동시에 섬길 수 있다고 착각하지 말라. 무엇이든 너희가 마음을 쏟는 그것이 너희의 우상이 되는 것이니라. 너희는 영적인 분별력으로 이 세상을 잘 판단하고 너희의 교회도 잘 살펴보아야 한다. 교회 곳곳에 세상적인 것이 가득히 들어와서 복음의 진리를 흐리고 있도다.

목사도 양들도 온통 세상적인 것에 취하여서 그들이 갈팡질팡하고 있도다. 그들이 열심을 내어서 나의 일을 한다고 하나 실상 그 마음을 들여다보면 온통 세상적인 욕심에 가득히 차 있도다. 그들이 스스로 그들이 판 함정에 빠져 들게 되리라.

　너희는 매순간 매순간 너희와 너희 주변을 점검해보고 잘 분별하여야 한다. 마귀는 택한 자들도 끊임없이 실족시키려고 날마다 으르렁거리고 있느니라.

임박한 환란의 날에

1997년 1월 18일부터 2월 23일까지 하나님께 받은 계시의 말씀이다.

건물에서 피하라

땅속 깊은 곳으로 숨을지어다

서울아, 네가 어찌 고통을 당하는고

너는 사치하였고 부패하였구나

이제 너는 임박한 재앙의 날을

피할 길이 없구나.

애통할지어다

땅이여, 슬퍼할지어다

너희 이제 배부른 자여! 슬퍼할지어다

여호와의 크고 두려운 날이 다가왔으니

깨어서 기도할지라

너는 배불렀으면서도

왜 가난한 자를 외면하였느냐

내가 하늘 보좌 위에서 너를 보았노라

굶주림에 떠는 사람들의 눈물을 보았노라

오, 서울아, 서울아 네가 어찌 고통을 당하는고

너의 아름다운 것이 이제는

나의 가증한 것이 되었구나

너는 사치에 눈이 멀어 나를 버렸구나

너희가 나를 사랑한다면서

너희 형제는 왜 미워하느냐

너희가 나를 사랑한다면서

너희는 왜 서로를 사랑하지 않느냐

나의 진노의 날이 다가왔으니

호흡이 있는 너희는 깨어서 기도할지어다

크게 외쳐 부르짖어 간구할지어다

하늘에서 불이 떨어져 많은 사람들이 죽게 되리라

그날에는 자다가도 죽게 될 것이요

길을 가다가도 죽게 될 것이요

가난한 자나 부귀한 자나

존귀한 자나 비천한 자나

모두가 화를 입으리라

너희가 지은 나의 성전이 이제는 나에게

부담이 되었구나

너희는 어찌 가난한 자를 외면하느냐

너희 부요한 자여

이제 애통할지어다

너희 배부른 자여

이제 떨며 슬퍼할지어다

여호와의 크고 두려운 날이 다가왔도다

하늘에서

적의 비행기들이 침공하는구나

저들은 사자같이 날카롭고 맹수처럼 사납고

굶주린 이리 같구나

저들은 매섭고 날카로우니

너희가 어찌 저들을 피하겠느냐

어둠을 타서 침공하리라

그들은 두더지처럼 땅속에서 나오리라

그들은 사나운 이리같으니

그 앞에 피할 자 누구랴

오, 슬프다 서울이여!

네가 침공을 당하였구나

이제 너의 수치가 드러나겠고

너의 죄악이 드러나리라

너희 피난 가는 자들이여

너희가 도로가운데서 죽으리라

너희 배부른 자들아

너희는 열락에 취하였구나

회개할지라

너희 평안하다하는 자들이여

이제 고통을 당하리라

악인들이여 회개할지어다

너희들의 날은 이제 끝나리니

여호와의 날이 다가왔음이라

그날은 진멸의 날이요

땅의 모든 족속들이 애곡하리라

구름을 타고 오리라

오, 서울아, 서울아

네가 왜 고통을 당하느냐

너의 죄악이 하늘까지 와 닿아

내가 저들을 불러 침략하게 하였노라

나는 여호와 전능하신 자라

너희가 어찌 나를 멸시하느냐

너희가 세상을 사랑하였구나

너희가 세상을 사랑하였구나

너희가 창녀처럼 세상과 짝하였구나

애통하며 애통할지어다

땅속에서 바다에서 하늘에서 침략하리라

그날은 결단코 피하지 못하리라

그들은 거만한 자들이라

3년을 머물리라

너희 나의 백성들아

내가 너희를 보호하리라

너희가 어디에 있든지

내가 너희를 보호하리라

두려워말지어다

그날은 악인이 멸망하는 날이라

그날은 능욕과 환멸의 날이라

깨어서 기도할지라

너희 죄악에 가득찬 백성들이여

너희가 나를 외면하였으니

그날에 내가 너희를 외면하리라

너희 잠자는 자들아

일어나 기도할지어다

그들이 서울을 포위하리라

미국도 떠나고 일본도 외면하리라

3년 7개월 동안

흑암의 세력이 이 땅을 지배하리라.

다가왔도다, 다가왔도다

재앙의 날이 임박하였구나

내가 너희를 택하였건만

너희는 나를 배반하였구나

이제 내가 너희를 적군의 손에 붙이리라

임박한 환란의 날에

너희는 피할지어다

뒤돌아보지 말지어다

무너지리라, 무너지리라.

커다란 바벨탑이여

너희가 허영에 들떴구나

내가 너희를 멸하리라

너희 교만한 자들이여

이제 낮아지리라

너희 사악한 자들이여

이제 너희가 멸해지리라

너희 광포한 자들이여

너희가 사로잡히리라

너희 술 취한 자들이여

너희가 돌에 걸려 넘어지리라

너희 간음하는 자들이여

너희가 수치를 당하리라

너희 도적질하는 자들이여

이제 너희가 도적질을 당하리라

그들은 굶주린 이리처럼

너희를 노략질하리라

하나도 피하지 못하리라

너희는 저들의 그물 속에 갇혀

모두 사로잡히리라

롯의 아내를 생각하라

피할지어다

소돔과 고모라 성에서 피할지어다

그날은 여호와의 날이니

달이 빛을 잃고 태양도 어두워지리라

땅의 족속들이여, 애곡할지어다

너희 부모를 공경하라

너희 자녀를 사랑할지어다

형제를 사랑할지어다

이웃에게 문안할지어다

너희가 거듭나지 아니하면

나의 나라에 결단코 들어오지 못하리라

너희가 나를 찾느냐

임박한 환란의 날에 나를 찾으라

내가 너희를 도와주리니

무엇이든지 나의 이름으로 구할지어다

내가 너희 소원을 들어주리라

전쟁은 갑자기 시작된다

지진이 일어나고

하늘에서 징조가 나타나리라

서울아, 너는 가장 아름다운 것으로 치장하였구나

이제 너의 면사포가 벗겨지고

너의 수치가 드러나리라

모든 나라들이 너를 조롱하리라

그들은 굶주림에 떠는 인민군

그들이 기름진 너의 상을 차지하고

너희 자녀를 노략질하리라

닥치는대로 빼앗고 사나운 이리처럼

대낮에도 질주하며 너희를 침략하리라

이제 평화의 날은 지나갔구나

이제 고통의 날이 다가왔으니

누가 피하리요

그날은 두려움과 재앙의 날이라

다가오리라. 서울이여

언제까지 열락에 취해있겠느냐

그날에는

너희 자녀를 밖에 내놓지 말지어다

문단속을 잘하고 집안에만 있을지어다

밖에는 침략자들이 사나운 늑대처럼

어슬렁거리며 배회하리니

밖에 나가지 말지어다

그날에 내가 지은 성전을 내가 허물리라

그날에 목자들이 무너진 성전에서 통곡하겠고

양떼들이 흩어지리라

세상 사람들의 부러움이 되었던 그 성전이

이제는 조소거리가 되었구나

너희는 너희끼리 배불렀고

가난한 자들을 외면하였으니

내가 너희에게 부어준 모든 축복들을

이제는 거두어가리라

나는 사랑을 원하노라

땅끝까지 복음을 전하는 것보다

병자를 치료하는 것보다

나는 사랑을 원하노라

너희는 사랑이 없어

사악한 무리들이 되었구나

너희가 손뼉치며 찬송할지라도

너희가 크게 외쳐 기도할지라도

너희 속에 사랑이 없음을 내가 보았노라

내가 너희를 축복하여

너희에게 돈과 명예를 주었건만

너희는 나에게 무엇을 주었느냐

내가 너희를 데려가리라

내가 속히 오리라

나를 믿는 너희들이여 안심하고 기다릴지어다

인자가 속히 오리니

깨어서 기도할지라

내가 너희를 전쟁 중에 버려두지 아니하겠고

고아처럼 버려두지 아니하리라

이제 내가 너희를 나 있는 곳으로 데리고 가리라

너희는 굳건한 믿음으로 나의 날을 기다리라

환란 중에도 소망을 가지고 굳셀지어다

강하고 담대할지어다

나의 일에 충성하는 자들이여

생명의 면류관을 씌어 주리라

의에 주리고 목마른 자들이여

내가 너희에게 상을 베풀리라

너희는 나의 일에 죽도록 충성하라

하늘나라에서 너희 상이 큼이라

이미 예비되었나니

조금만 기다릴지어다

탱크를 몰고 오리라

그들은 개선장군처럼 당당하게 도심가를 질주하며
거리에 선 사람들이 그들의 국기를 흔들리라
그들의 날은 3년 7개월
한반도는 죄악과 고통으로 관영하리라
기아와 살육, 역병이 돌고
어린 아이들은 배고파서 울부짖으리라
그날에 나를 믿는 자는 화를 면하리니
내가 그들을 나의 피난처에 숨겨주리라
그곳은 은밀한 곳이라
적군이 결코 찾지 못하리라
이미 내가 예비해 놓았노니
너희는 환란 날에 나를 찾으라
내가 너희를 보호해 주리라

혹독한 가뭄과 추운 겨울
대지는 차가워지고
폭풍이 불고 홍수가 나리라
서울이 물에 잠기리라
높은 빌딩조차도 반 이상이 물에 잠기리라
곳곳에 지진이 일어나고
산들이 옮겨지리라

그때 하늘에서 징조가 있으리니

그날은 나의 날이라

여호와의 날이니라

내가 곧 너희를 데리러 가리라

악인들을 제하고

의인들을 불러모으리라

너희 나의 백성들아

흔들리지 말지어다

나의 말 위에 굳게 서서

결코 흔들리지 말지어다

그날에 나를 배신하는 무리들이 있으리니

그들은 양의 탈을 쓴 이리들이라

너희는 그들을 조심할지어다

환란날에 그들은 너희를 고소하며

너희를 적군에게 넘겨주리니

거짓 신자들을 조심할지어다

너희는 마음을 정결케 하고

날마다 기도하며

성경책을 부지런히 읽고 묵상할지어다

너희의 기도와 믿음이

그날에 너희를 구원하리니

믿지 않는 자들과

믿는 자들 중에서도

열심히 기도하지 않는 자들은

그날에 큰 화를 당하리라

그날에 내가 너희를

안전한 곳으로 피신시켜 주리니

그곳에서 너희는 환란을 피하게 되리라

밖에서는 폭탄 소리가 들릴지라도 두려워말지어다

나를 믿는 너희들은

결코 상함이 없으리니

이는 내가 너희의 믿음을 보았기 때문이니라

너희는 준비하고 깨어 있으라

그날은 갑자기 찾아오리니

전쟁은 예고도 없이

어느 날 갑자기 시작되리라

그때 너희는 나를 따라가리라

오래전부터 예비해놓은 그곳에

너희 자녀와 가족들을 데리고
겉옷 몇 벌과 간단한 휴대품, 비상식품을 가지고
내가 마련해놓은 처소로 옮길지어다

여호와를 바라는 너희들아 기뻐할지어다
환란이 너희를 피해가리니
역병도 너희를 해치지 못하리라
내가 너희를 눈동자처럼 보호함이라
그러나 나를 믿지 않는 자들은
화가 있으리라
그들은 흑암의 세력에 사로잡혀
그들의 노예가 되리니
그들은 로봇처럼 조종당하고
폐기물처럼 쓸모없어지면
버려짐을 당하리라

그때는 나를 믿고자 하나
믿는 것이 어렵게 되리라
교회에 자물쇠가 채워지고
아무도 들어가지 못하리라
그들은 사악한 무리들이라

그들은 이 땅에서
모든 종교를 제거하고
그들만을 믿도록 강요하리라

북한의 주민들이 보따리를 싸들고
이 땅으로 내려오리니
그들은 굶주린 백성들이라
그들이 이 땅의 거민들을 몰아내고
대신 이 땅의 모든 것을 차지하리라
무너졌도다, 무너졌도다.
대한민국 서울이여
네가 어찌 그리 허무하게 무너지느냐
너는 자다가 침략을 받아
신발도 신지 못하고 우왕좌왕 헤매다가
결국은 적에게 사로잡히는구나
너희가 부르짖던 자유와 민주, 노조들이여
이제 너희가 파놓은 함정에
너희가 빠지리라
너희가 정녕 이 땅을 사랑하느냐
너희가 정녕 이 나라의 사람들이냐
너희의 투쟁과 너희의 민주가

적군을 불러들였도다

너희는 나를 믿노라 하면서

왜 서로 나뉘느냐

왜 서로를 미워하느냐

그날에 구원받을 자들이 지극히 적구나

내가 너희들에게

성령을 부어 주리라고 했는데

왜 너희는 성령을 받지 않느냐

왜 성령을 받지 않느냐

그날은 큰 환란의 날이라

너희가 성령을 받지 아니하면

그날을 결코 감당치 못하리라

너희 음녀들이여

대낮에 너희가 수치를 당하리라

너희의 옷이 벗겨지고

적군 앞에 너희의 속살을 드러내고

그들의 노리개가 되리라

너희가 어찌 회개하지 않느냐

마음이 완악한 자들이여

너희는 나를 믿을만한 때에 믿을지어다

나를 찾을만한 때에 찾을지어다

속히 회개하고 나에게로 나올지어다

너희 마음이 강퍅한 자들이여

너희가 언제까지 나를 거절할 것인가

너희의 재물이

너희의 명예가 걸림돌이 되어

환란날에 크게 다치리라

그날에 너희는 가슴을 치며 통곡하여도

나를 만나지 못할 것이요

나를 찾고자 하나

나를 전하는 자들이 없을 것이라

그때는 이미, 나를 믿는 자들이

이 땅을 모두 떠나서

하늘로 옮기겠음이라

그때는 성령도 거두어가고

남은 자들도 모두 들림 받고

하나도 없으리라

그리고 나면 이 땅에 흑암의 세력만이 가득 차서

생지옥이 되리라

그때 너희가 죽고자 하나

마음대로 죽지 못할 것이요

물을 구하여도 얻지 못할 것이라

너희는 그들의 노예가 되어

그들의 지배를 받으리라

너희가 언제까지 환상에 젖어있겠느냐

너희가 평화를 외치고 있을 때

그들은 전쟁을 준비했고

너희가 화평을 부르짖을 때

그들은 너희를 침공하리라

이 땅에 평화는 없으리라

세상은 어둠속에 잠기겠고

모든 것들이 사라지리라

너희 교만한 자들이여

너희가 언제까지 나를 믿지 않겠느냐

너희는 너희를 위하여

기도하는 자들의 눈물을 보았건만

그래도 회개하지 않는구나

정녕 망하리로다

교만한 자들이여

너희가 화를 당하리라

너희가 스스로 무엇을 할 수 있느냐

너희는 바람에 쓰러지는 들꽃처럼

지극히 연약한 존재들이거늘

왜 나를 의지하지 않느냐

너희가 바람을 멈출 수 있느냐

너희가 구름을 불러올 수 있느냐

나는 전능하신 자라

나는 태초부터 있었고

어제나 오늘이나 영원토록 존재하는 하나님이라

내가 너희를 만들었고

이 땅과 우주를 지었노라

왜 나를 믿지 않느냐

시계공이 없이 어찌 시계가 존재할 수 있겠으며

조물주가 없이 어찌 이 세계가 존재할 수 있었겠느냐

너희는 마음이 곧고 거만하여

나를 전하는 자들을 멸시하였구나

그들의 마음을 상하게 하였도다

이제 환란의 날에 내가 너희들을 내치리라

너희는 크게 슬퍼할지어다

그날이 임박했으니 회개할지어다

지금이라도 너희가 악에서 돌이키면

내가 너희를 용서하리니

악인들이여 나를 믿을지어다

그날에 땅에 남아 있는 자들은

모두 애통할지어다

그들에게 화가 있으리니

아무도 피하지 못하리라

화있을진저, 서울이여

너희는 우상의 소굴이 되었도다

너희가 너희 우상과 함께 망하리라

가증하도다. 점치는 자들이여

너희가 마귀와 짝하였구나

너희는 영원히 꺼지지 않는

유황불에 들어가리라

너희 제사지내는 자들이여

너희가 언제까지 회개하지 않겠느냐

너희가 제사지낼 때

너희가 귀신과 교제하는도다

너희가 나를 믿지 않고 귀신과 교제하니

내가 너희를 환란의 날에 멸하리라

너희 믿음이 뜨겁지 않은 자들이여
너희가 언제까지 머뭇거리겠느냐
너희는 날마다 나를 믿노라 하면서
세상과 짝하여 음행하는도다
너희는 가증한 무리들이라
너희의 믿음이 차지도 뜨겁지도 아니하니
환란의 날에 내가 너희를 내치리라
회개할지어다
마음이 교만한 자들이여
너희는 세상을 사랑하면서
나를 미워하는구나
너희는 마귀를 믿고 숭배하면서
나를 배척하였도다
너희는 회개할지어다
속히 회개할지어다

미군이 이 땅에서 철수하는 날
전쟁은 시작되리라
그들은 때를 기다린 이리처럼

날카로운 발톱을 치켜세우고

이 땅을 침략하리라

임박한 환란의 날에

깨어있는 자들은 복이 있으리라

그들은 환란을 면하리니

내가 그들을 보호하겠음이라

그러나 너희 세상과 짝하는 자들이여

너희는 환란을 결단코 피하지 못하리라

그날은 천지가 개벽하는 날이니

너희가 무슨 수로 피하겠느냐

마음이 광포한 자는

스스로 그 돌에 걸려 넘어지리라

환락에 젖어있는 자들이여

너희가 언제까지 술에 취하여 춤추고 있겠느냐

너희는 멸망의 날이 다가오고 있음을 깨닫지 못하는구나

사나운 말발굽 소리가 들리지 않느냐

너희는 빨리 회개하고

멸망의 땅에서 나오라

너희는 부자가 되기를 애쓰지 말라

그날에는 너희의 부요와 너희의 재물이

구원을 가로막으리라

너희 가진 것을 족하게 여기고

너희 재물을 하늘 창고에 쌓아둘지어다

너희는 여력이 있을 때에

전도를 많이 할지어다

믿지 않는 자들을 나에게로 데려오면

하늘나라에서 너희가 받을 상이 몹시 큼이라

너희는 악인들의 형통을 부러워하지 말지어다

그들의 날은 얼마 남지 않았으니

그들이 멸망의 날에 초개같이 뽑혀지리라

너희 의인들이여 기뻐할지어다

너희들의 날이 가까웠으니

낙심하지 말고

날마다 깨어서 기도할지어다

내가 너희들을 데려가겠노라

환란의 날에 내가 나의 거처로

너희를 안전하게 데려가리라

두려워 말고 떨지 말지어다

고통당할 때에 내가 너희를 위로해 주리니

내가 너희의 모든 눈물을 닦아주리라

너희 교만한 자들이여

너희는 마귀를 숭배하고

그 앞에 절하면서도

나를 외면하는구나

너희가 마귀를 섬겼으니

너희는 지옥으로 들어갈지어다

너희는 미련한 자들이라

지옥이 어디에 있느냐 하는도다

곧 그날이 다가왔으니

나의 진노의 날이 임박하였도다

너희가 영영히 꺼지지 않는 지옥불에서

큰 소리로 울부짖으리라

너희가 언제까지 회개하지 않겠느냐

목이 곧은 자들이여

너희는 헛된 것을 추구하면서

나의 소리에 귀 기울이지 않는구나

너희가 왜 교회를 멸시하느냐

너희가 왜 내가 세운 교회를 경멸하느냐

너희가 내가 세운 목사들을 욕하는도다

교만하고 사악한 자들이여

회개할지어다

나를 믿을 만한 때에 나를 믿을지어다

나를 찾을만한 때에 나를 찾을지어다

새벽에 나의 전에 와서 부르짖을지어다

내가 새벽에 너희를 만나주리라

교회에 나의 성령이 거하는 줄을

너희가 알지 못하는도다

교회를 욕하는 자들이여

너희가 화를 당하리라

너희 총명 있는 자들이여

다가올 환란을 조심할지어다

그날에 짐승이 너희를 지배하리니

그날에 너희가 받을 숫자는 666

너희가 그 숫자를 받으면

너희는 결단코

나의 나라에 들어오지 못하리라

살아있는 거대한 컴퓨터가

세상 만민들을 지배하리라

개인의 안방까지 감시하며

그들의 모든 행동을 통제하리라

그날에 666을 받지 않고 살아남을 자가

누가 있을 것인가

666은 짐승의 숫자이니

너희가 너희의 몸이나 손에

그 숫자를 받으면

너희의 영혼을 짐승에게 빼앗기리라

짐승이 너희를 마음대로 조종하리라

그날에

살아있는 사람들은 죽지 못해서 살아갈 것이요

사람의 행색은 하고 있으나

정녕 사람이 아닌 사람이 되고 말리라

그날엔 너희가 아이를 낳아도

너희의 아이가 아니라

짐승에게 받쳐질 것이요

그날엔 부부라고 하지만 사랑이 없어지리라

짐승이 너희 영혼을 사로잡았도다

그날에는 나라도 없어지고

국경도 사라지고

모든 세상 사람들이

하나의 컴퓨터에 의해서 지배받으리라

도시에서 피할지어다

산으로

깊은 동굴 속으로 숨을지어다

도시에 남아있는 무리들이여

화가 있을지어다

너희는 결단코 666을 피하지 못하리라

그는 적그리스도

사람의 형상을 한 마귀니라

그가 세상 모든 거민들을 지배하리라

도시는 폭격을 받고

농촌도 황폐하리라

그날에 안전한 곳이 어디 있겠느냐

하지만 내가 나의 택한 자들을 위해서

피난처를 예비해 놓았나니

그날에 너희는 그곳으로 피할지어다

그날에는

사람과 컴퓨터 인간이 공존하리라

적들의 침략과 거의 동시에

휴거는 있으리라

그날에 휴거될 자들이 지극히 적으므로

휴거된 후에도

남아있는 자들은 깨닫지 못하리라

은혜의 강물이 넘칠 때

"하나님, 이 꽃들 참 예쁘죠?"

"그래, 참 예쁘구나. 그것들을 내가 다 만들었다."

"하나님, 저 산들 좀 보세요. 참 푸르러요. 그것도 하나님께서 지으셨죠?"

"그래. 그 산도 내가 다 만든 것이다. 이 천지 만물 중에 어느 것 하나 나의 손을 거치지 않은 것이 어디 있겠느냐? 그 모든 것은 내가 다 지은 것이다."

봄비가 촉촉이 내린 어느 날, 수요 예배를 드리고 집으로 돌아오는 길에 잠시, 주님과 나눈 대화들이다. 길가에 피어 있던 꽃들은 봄비를 함초롬히 맞고 나서 더욱 상큼했고 참으로 아름다웠다. 그때, 분명히 깨달았다.

이제는 꽃 한 송이를 바라볼 때에도 내가 보는 것이 아니요, 내 안에 거하시는 성령님이 나와 함께 그 꽃을 바라보고 느끼신다는 것을 말이다.

날마다 주님과 함께 동행한다는 것이 이렇게 신나고 즐거운 일일 줄은 예전엔 정말 몰랐었다. 날마다 주님과 함께 나누는 대화는 얼마나 신비롭고 오묘한지….

내가 지치고 고단할 때, 주님은 나의 힘이 되어 주시고, 내가 낙담하거나 절망에 처했을 때, 주님은 나의 위로가 되어 주시고 나에게 끊임없이 믿음과 소망을 심어 주신다.

요즈음은 거의 날마다 집에서 온전히 예배를 드리고 있다. 혼자서 드리는 예배가 이렇게 은혜롭고 뜨거울 줄은 전혀 예상하지 못했던 일이다. 혼자서 힘차게 찬송가를 부르면 내게서 모든 더럽고 추악한 것들이 씻겨 나가고, 나의 영혼이 다시 소생하는 것 같다. 찬송가는 확실히 영의 노래이며, 찬송가를 부르는 곳에는 성령님께서 함께 하시므로 악한 마귀가 모두 쫓겨 나갈 수밖에 없음을 비로소 깨달았다.

불러도 불러도 더 부르고 싶은 찬송가는 기도와 함께 우리를 하나님께 더욱 가까이 나아가게 한다. 마음이 우울하거나 괴로울 때, 또는 하던 일이 잘 안되어서 가슴이 몹시 답답할 때에는 누구든지 찬송가를 불러볼 것을 권하고 싶다. 온힘과 마음을 모아서 30분 이상 찬송가를 부르고 나면, 마음속에는 기쁨이 넘쳐 흐르고 어느새 주님이 주시는 은혜의 강물이 내안에서 넘쳐 나고 있음을 깨닫게 될 것이다.

슬플 때나 기쁠 때나 찬송가를 부를 수 있다는 것은 우리에게 있어 얼마나 커다란 축복인지 모른다. 내가 진정으로 주님을 만나기 이전에는 주일날 교회에 나가는 것이 그저 부담스럽고 의무적으로 나갔지만, 이제 주님을 만나고 나니, 교회에 나가는 것이 즐겁고 예배를 드리는 시간이 참으로 기쁘고 소중한 시간이 되었다. 예전에는 찬송가를 부르는 것이 그저 예배의 한 형식으로 알고, 아무 생각 없이 무심코 따라 불렀지만 이제는 찬송가 한 절 한 절을 부를 때마다 온 마음과 정성으로 부르며, 그 가사 한 구절 한 구절의 의미를 가슴깊이 음미하며 내 영혼에 각인시켜 둔다.

집에서 설거지를 하다가도 무심코 내 입에서 흘러나오는 찬송가 소리는 참으로 나를 생동감 있게 만들고, 나에게 기쁨을 안겨 준다.

하나님은 참으로 자상하시고 친밀한 분이시다. 그분은 언제나 우리와 함께 대화하기를 원하시며 우리의 모든 문제를 당신과 함께 상의하기를 원하신다.

우리의 모든 문제를 겸손히 주님의 발 앞에 내려놓을 때 주님은 우리의 문제를 대신 맡아 주시고, 우리에게 어떻게 할 것인지를 가르쳐 주신다.

이제는 어떤 일을 행할 때 먼저 주님께 기도드린다. 예전에는 먼저 내 뜻대로 다 해놓고 나서 주님께 그 일을 이루어달라고 기도했지만, 지금은 그 일을 행하는 것이 주님의 뜻인지를 먼저 주님께 물어본다. 부모가 어린 자식에게 세세한 가르침을 주는 것처럼 주님도 우리를 마치 어린 자식처럼 여기며 날마다 우리에게 해야 할 일과 하지 말아야 할 일을 가르쳐 주시며, 가야 될 곳과 가지 말아야 될 곳을 친절하게 가르쳐 주신다.

날마다 주님과 함께 동행하는 삶은 얼마나 은혜로운 삶인지 모른다.

주님께서는 연약한 자를 강하게 만들어 주시고 강한 자를 약하게 하시며, 존귀한 자를 낮추시며 비천한 자를 높여 주신다. 하나님의 지혜는 얼마나 풍부한지 우리가 감히 측량하지 못하며, 그분의 사랑은 얼마나 깊고 넓은지 우리는 감히 상상조차 할 수 없다.

그런즉 누구든지 그리스도 안에 있으면 새로운 피조물이라. 이전 것은 지나갔으니 보라. 새 것이 되었도다.

-고린도후서 5:17

성령으로 거듭나면

그렇다. 이제 나는 이전의 내가 아니다. 예전의 겁 많고 소심하고 변덕스럽고 신경질을 잘 내고 불안과 근심에 가득 찼던 내가 이제는 변하여 새사람이 된 것이다.

며칠 전 신문에서, 우울증에 걸린 주부들에 대한 특집 기사를 읽은 적이 있다.

나도 예전에 우울증으로 시달려 본 적이 있었기 때문에 그 기사를 매우 자세히 읽어 보았다. 내가 예전에 겪은 증상과 거의 비슷하였다.

우울증에 걸리면 먼저, 모든 것이 귀찮고 싫어진다. 왠지 모르게 슬프고 까닭 없이 서글퍼지기도 하며 한 번씩 죽고 싶다는 생각에 빠져들기도 한다. 그리고 밤마다 불면증으로 고생하기도 한다.

대개 사람들은 겉으로 드러나는 병만 중요하게 생각하고, 마음속의 병은 그다지 대수롭게 여기지 않는 경향이 있다. 그러나 참으로 치료하기 힘든 병은 마음속의 병일 것이다. 특히 우울증과 같은 병은 대부분의 사람들이 그것을 병으로 여기지도 않을 뿐만 아니라, 우울증에 걸린 당사자도 자신이 심각한 병에 걸려 있다는 사실을 거의 깨닫지 못하고 있다.

몇 년 전에 내가 우울증에 걸려 있었을 때, 어느 여류 소설가가 쓴 소설책을 다 읽고 나서 죽고 싶다는 생각을 한 적이 있었다. 그 소설의 마지막이 주인공 여자가 아파트에서 뛰어내려 죽는 것이었는데, 그 장면을 작가는 '꽃잎처럼 몸을 날려…'와 같이 죽음을 미화시켜 표현하고 있었다.

지금 생각해보면, 아파트에서 뛰어내려 죽는다는 것이 그저 끔찍한 일일 뿐이지, 아름답다는 생각은 전혀 들지 않는데, 그때는 분명히 그 소설책을 읽으면서 그 모습이 참으로 가슴 저릴 만큼 아름답다고 생각했었다.

그때 나는 분명히 교회에 다니고 있었고 구역 예배도 열심히 참석하여 겉으로 보기에는 그리스도인이었다. 하지만 내 속사람은 온통 상처투성이로 심히 부패했으며 곪을 대로 곪아 있었다. 그때 나는 성령으로 온전히 거듭나지 못했기 때문에 승리하는 신앙생활을 할 수 없었다.

네가 만일 네 입으로 예수를 주로 시인하며 또 하나님께서 그를 죽은 자 가운데서 살리신 것을 네 마음에 믿으면 구원을 얻으리니.
-로마서 10:9

우리가 예수님을 구주로 영접하고 하나님을 믿으면 누구나 구원은 받는다.

하지만 우리가 진정으로 회개하고 성령으로 거듭나지 않고서는 능력 있는 신앙생활을 할 수가 없다.

첫 세례

어린 시절부터 나는 교회에 다녔었다. 부모님은 물론이고 내 주위에 어느 누구도(언니를 제외하고) 그 시절에 교회에 다니는 사람이 없었는데도 내가 처음에 어떻게 교회에 나가게 되었는지 아직도 잘 기억나지 않는다. 어린 시절에는 아무도 나에게 하나님에 대해서 예수님에 대해서 또, 성경에 대해서 이야기해 준 적이 없었다. 그저 언니를 따라서 집 근처에 있는 동네 교회에 자연스럽게 따라 다녔다.

첫 세례를 받은 것은 중학교 3학년 때였다. 나는 우리 집 바로 건너편에 있는 교회에 다니고 있었는데, 그 교회는 침례교회여서 세례 받을 때에 온몸을 완전히 물속에 담갔다가 나왔었다. 침례를 받고 나서 내가 새롭게 태어나는 것 같은 느낌과 더불어 무어라 말로 표현할 수 없는 상쾌함이 온몸에 가득히 느껴지던 기억들이 지금도 새롭기만 하다. 그때 우리 집 이층에 있던 내 방에서 밤마다 창문 밖을 바라보면 내가 다니던 교회의 십자가가 환하게 빛나고 있었다.

당시 나는 기도하는 법도 알지 못했고, 구체적으로 성경을 공부한 적도 없었다. 그저 주일만 되면 자연스럽게 성경과 찬송가를 품에 안고 무엇에 끌리듯이 교회 안으로 들어서곤 하였다.

힘들고 어렵던 중학교 3학년과 고등학교 3년 동안 나의 유일한 즐거움이 있다면 주일날 교회에 나가는 일이었다. 그곳에서 다소나마 입시의 중압감에서 벗어날 수 있었고, 어렴풋이 마음의 평안과 안식 같은 것을 느낄 수 있었다. 그렇게 교회에 다니면서 고교를 졸업하고 대학을 진학하면서 나는 자연스럽게 C.C.C.(한국 대학생 선교회)에 들어가게 되었다. 그곳에서 믿음의 선배들과 친구들과 함께 신앙생활을 참으로 즐겁게 할 수 있었다.

그때 나와 비슷한 나이인 대학생들이 뜨겁게 기도하는 모습을 보면서 어떻게 저렇게 기도할 수 있는지 스스로 주눅이 들곤 했던 기억들이 새롭다.

C.C.C.를 생각하면 늘 그립고 아쉬운 마음이 든다. 4년 동안의 대학생활 동안 C.C.C는 언제나 나에게 신앙의 활력소가 되었고, 삶의 원동력이 되었다. 하지만 나는 C.C.C.에 좀 더 깊숙이 들어가지 못하고 그저 주변에서만 맴돌고 말았다. 아마 나의 소극적인 성격 때문이었으리라.

내가 대학교 1학년 때 한창 대학가는 데모로 연일 시끄러웠고 여자대학교인 우리 대학도 거의 대부분의 학생들이 데모에 참여하고 있었다.

그때 C.C.C.맨인 우리들은 선배언니들과 함께 데모에 합류하지 못하고 다만 눈물로 기도했던 기억들이 떠오른다.

응답받은 기도

　내가 대학교 2학년에 다니고 있을 때였다. 나는 기숙사에 들어가지 못하고 하숙생활을 하고 있었다. 하지만 하숙생활은 여러 가지로 불편한 점이 많아서 내 마음속에서 기숙사 생활을 하고 싶다는 간절한 소망이 불타올랐다. 그때는 이미 기숙사가 꽉 차서 더 이상 자리가 없다는 것을 알고 있었다. 그런데 어느 날 누군가에게서 놀라운 소식을 전해 듣게 되었다. 기숙사 지하 1층에 위치한 방 하나에는 고시생들만을 받고 있는데 빈자리가 있을지도 모른다는 소식이었다.

　나는 법학과였으므로 자격은 되는 셈이었지만 본격적으로 고시를 준비하고 있었던 것은 아니었다. 그런데도 내 마음속에는 꼭 그 방에 내가 들어가고 싶은 간절한 소망이 끓어올라서 마음속으로 하나님께 도와달라고 간절히 기도했다. 그러자 문득 기숙사 사감을 찾아가서 잘 부탁해보면 될 것이라는 생각이 떠오르는 것이었다. 그래서 나는 사감 선생님께 드릴 선물을 곱게 포장해서 기숙사 사감을 찾아갔다. 나의 사정을 말씀드리고 나서 선물을 드렸더니, 그분은 나에게 웃으시며 선물을 도로 주면서 마침 지하방에 자리가 하나 비었으니 들어오라는 것이었다.

무어라 말할 수 없을 만큼 기쁘고 가슴이 벅차서 하늘을 뛰어 오를 것만 같았다. 그렇게 해서 나는 대학교를 졸업할 때까지 기숙사 생활을 할 수 있었다. 그것도 분명히 기도의 응답이었었는데, 그때의 나는 믿음이 부족해서 그것도 깨닫지 못하고 그저 우연히 그렇게 되었나 보다고 생각하며 대수롭지 않게 지나갔던 것 같다.

　지금 생각하면 그 모든 것이 하나님의 은혜였는데 왜 깨닫지 못했을까? 그것은 내가 하나님을 막연히 멀리 있는 분으로만 생각해왔기 때문이리라.

　나는 하나님은 언제나 먼 곳에만 계시지 우리와 함께 계시지 않는다고 생각해 왔었다. 기도하면 응답해 주시는 하나님을 알지 못했고 어려울 때 도와주시는 하나님을 또한 깨닫지 못했던 것이다.

대학 시절

　대학 4년 동안은 나에게 그야말로 고통의 연속이었다. 주로 교양과목을 수강하는 대학 1학년 때는 학점도 잘 나와서 공부하는 것이 신이 났다. 하지만 2학년에 들어서면서부터 주로 법학 전공과목을 수강하게 되자 학점이 하향 곡선을 그리기 시작하였다. 매번 시험을 칠 때마다 최선을 다해서 나름대로 거의 완벽에 가까울 정도로 답안을 작성했다고 생각했는데, 나중에 성적표를 받아보면 그게 아니었다. 차츰 나는 법학과에 들어오게 된 것을 후회하게 되었고, 국문학과를 기웃거려 보기도 하였다. 그렇게 실망과 좌절의 연속 속에서 논문을 써내고 대학교를 졸업하게 되었다.

　그래도 대학교 재학시절에 유일하게 내가 총장으로부터 상장을 받게 된 일이 있었는데, 그것은 대학 4학년 때 대학신문사 현상문예에서 나의 시가 당선된 덕분이었다. 그 일은 분명히 기적과도 같은 일이었다. 왜냐하면 현상문예에 응모하기 위해서 몇 주일 동안 시 몇 편을 습작해 본 것이 나의 문학수업의 전부였기 때문이다.

　그때도 나는 그것이 하나님의 은혜였음을 알지 못했고 그저 우연히 나의 시가 당선되었겠지 하는 막연한 생각에 사로잡혀 있었다. 그러므로 당연히 그때 하나님께 감사의 기도도 드리지 못했고, 비록 적은 액수지만 그때 상금으로 받은 돈도 먼저 하나님께 드릴 줄을 몰랐던 것이다.

아무튼 그 일을 계기로 해서 본격적으로 시 창작에 몰두하기 시작하였는데, 그때까지만 해도 내가 시인이 되리라고는 거의 상상도 못했다.

대학교를 졸업하고서도 시련의 연속이었다. 나는 그래도 명문여대 법학과를 나왔다고 웬만한 직장은 눈여겨보지도 않았고 오로지 신문사나 방송국으로만 취직하려고 하였다. 그러나 신문사나 방송국 취직시험은 그렇게 만만한 것이 아니었다. 나처럼 전혀 시험 준비도 안한 상태에서 경쟁률이 치열한 신문사와 방송국 취직시험에 합격될 리가 없었다. 하지만 오기로 몇 차례나 시험을 치르고 또 떨어지는 것을 반복하면서 몇 년의 세월을 흘려보내고 말았다.

KBS 방송국에서

　어느 날 집에서 텔레비전을 보고 있다가 우연히 KBS에서 여름방송학교 작가를 뽑는다는 사실을 알게 되었다. 그때 난생 처음으로 원고지 20매 정도의 시나리오 대본을 완성해서 KBS에 보내게 되었는데, 나중에 합격통지서가 날아왔다. 나는 대구에서 다시 서울로 올라가서 1주일간의 KBS 여름방송학교 과정을 마치고, 원고지 120매 정도의 드라마 한 편을 써내서 뽑게 되는 신인방송작가에 최종적으로 뽑히게 되었다. 당시 나와 함께 3명의 신인 방송작가가 탄생하게 되었다고 TV 가이드에 우리들의 사진과 함께 기사가 게재되기도 했다.

　지금 생각하면 그것도 하나님의 은혜였었는데 나는 내가 글을 잘 써서 뽑힌 줄로만 알았었다.

　그때 내 나이 스물여섯 살이었다. 나와 함께 방송작가로 뽑힌 사람들 중에서 남자분이 나이가 제일 많았고(사십대 중반) 내가 제일 나이가 적었다. 아무튼 우리는 3개월 동안 월급을 받으면서 드라마 쓰는 것과 토의하는 것에만 몰두할 수 있었다.

　드라마 대본 한 편을 완성한다는 것은 참으로 어렵고 힘든 작업이어서 나는 조금씩 드라마 작가가 될 수 있다는 데에 자신감이 없어져

갔다.

그렇게 3개월의 연수기간이 끝날 즈음 중학교 동창생이던 H를 방송국에서 만나게 되었다. 그녀는 KBS교양국에서 PD로 일하고 있었다. 그녀는 나에게 프로그램 구성작가를 해보지 않겠느냐고 물어왔다. 나는 생각해보겠노라고 했고, 며칠 후부터 자연스럽게 KBS교양제작국에서 아침 방송인 '가정저널'의 스크립터로 일하게 되었다.

스크립터는 내가 생각했던 것보다 훨씬 더 힘들고 순발력을 요구하는 직업이었다. 끊임없이 방송에 관한 아이디어를 짜내야 하고 출연자들을 섭외하고 방송 원고를 쓰기까지의 그 과정이 참으로 고달픔의 연속이었다. 그런 가운데에서도 나는 은연중에 드라마 작가가 되고 싶은 열망이 있었다. 늘 내 머릿속에는 '빨리 드라마를 써서 내 작품이 방송되어야 할 텐데…' 하는 생각이 끊임없이 맴돌고 있었으니까 말이다.

내가 스크립터가 되어서 정신없이 뛰고 있을 때 나와 함께 신인 방송작가로 뽑힌 사람들은 모두 그들의 드라마가 한 편 이상씩 방송되고 있었다.

나는 그들을 부러워하면서도 선뜻 프로그램 구성작가라는 타이틀을 포기하고 나올 용기가 없었다.

내가 스크립터를 그만두게 된 것은 그때 우리 프로그램의 팀장으로 있던 모 PD 때문이었다. 그는 나에 대해서 좋지 않은 감정을 가지고 있었는지, 사사건건 트집을 잡고 야단이었다. 하지만 겨우겨우 내 감정을 억누르면서 억지로 몇 개월을 버티어 나갔다. 그러던 어느 날 새로운 구성작가 한 명이 우리 팀에 들어오게 되었다. 그때 나는 그 PD가 노골적으로 나를 나가라고 시위하는 것임을 깨닫게 되었다. 그래서 내가 담당인 날에 아무 연락도 없이 방송국에 나가지 않고 말았다. 그런데도 방송국에서는 며칠 동안 누구에게서도 전화가 오지 않았었다.

1주일 후에 방송국에 나가 보았다. 프로그램 담당표엔 어느새 내 이름이 사라지고, 나 대신 새로 온 구성작가의 이름이 쓰여 있었다. 나는 다시 한 번 좌절감을 맛보아야 했다. 하지만 방송국의 어느 누구도 나에게 말을 건네는 이가 없었다. 그들은 그저 묵묵히 자기들의 일만 하고 있을 뿐 나에게 관심조차 두지 않는 듯했다.

비록 당시에는 마음이 몹시 아팠고 쓰라렸지만 지나고 보니 내가 스크립터를 그만둔 것이 무척 잘한 일이었다고 생각된다. 만일 내가 스크립터로 성공했었다면 여전히 주님을 만나지 못했을 테니까 말이다.

나는 스크립터를 그만두고 허름한 서민 아파트에서 자취생활을 하면서 드라마 쓰는 것에 몰두했다. 그리고 오랫동안 중단했던 신앙생활을 다시 시작했다. 다시 교회에 다니기 시작하였고 구역 예배도 참석하였다. 하지만 기도는 거의 하지 않았다. 신앙생활이란 그저 교회에서 예배드리고 목사님의 설교 말씀만 듣는 것이 전부인 줄로 알았다.

그때 내 생의 목표는 드라마 작가가 되는 것이었다. 제발 단 한 번이라도 내가 쓴 드라마가 방송되었으면 참 좋겠다는 생각을 가지고 있었다. 하지만 나의 꿈은 결국 이루어지지 않게 되었다. 건강이 갑자기 나빠져서 다시 대구로 가야만 했으니까 말이다.

결혼

1988년 12월 25일에 나는 결혼을 했다. 결혼을 하고 보니 남편은 교회에 다니지 않았고 나의 시댁은 뿌리 깊은 유교 집안이었다.

결혼을 하고 나서, 나는 결혼 전에 믿음의 남편을 달라고 하나님께 기도하지 않았던 것을 후회하게 되었다. 하지만 이미 결혼한 이상 후회한들 아무 소용이 없었다. 결혼을 하기 전에 배우자를 놓고 기도하는 것은 너무나 당연한 일인데도 그때까지만 해도 배우자를 놓고 기도해야 하는 것임을 알지 못했던 것이다. 하나님은 지극히 조그마한 일까지도 그분께 기도하기를 원하신다. 하물며 결혼이라는 인생의 커다란 전환점에 서서 어떻게 하나님께 기도하지 않을 수가 있겠는가? 그런데도 나는 기도하지 않고 겁도 없이 덜컥 결혼을 하고 만 것이다. 그렇게 시작된 결혼 생활이 결코 순탄할 리가 없었다.

결혼하고 1년도 채 안되어서 남편은 해외근무로 리비아로 떠났고 그때부터 고난과 역경이 시작되었다. 그러나 돌이켜 보면 그 모든 고난은 하나님께서 나를 위하여 주신 것임을 깨달았다. 만일 결혼 생활이 순탄했었다면 나는 아직도 하나님을 만나지 못하고 그저 교회만 왔다 갔다 하고 있었을 테니까 말이다.

결혼 생활 중에서 제일 힘들었던 때는 남편이 리비아에서 2년 동안의 근무를 마치고 돌아왔을 때였다. 나는 2년 동안의 친정생활을 마감하고 서울 시댁에 와 있었다. 며칠 동안만 있기로 한 시댁 생활이 여러 가지 사정으로 8개월 동안 이어지게 되었다.

20평 남짓한 서민 아파트에서 남편과 나, 세 살짜리 아들과 시어머니와 시아버지, 그리고 시동생까지 모두 여섯 명이 기거하게 되었다. 시어머니는 항상 아침을 드시고 나면 저녁이 되어서야 들어오시고, 집에는 나와 함께 시아버지와 시동생이 남게 되었다. 시동생은 나보다 나이가 다섯 살이나 위이지만 미혼으로 뚜렷한 직장도 없어서 항상 낮 12시가 지나서야 집을 나서곤 하였다. 그리고 나면 시아버지와 우리(나와 아들)만 남게 되는데, 그 상황이 너무나 불편하여서 집안일을 대강 마치고 나면 아들 손을 잡고 거의 날마다 밖으로 다니곤 하였다. 나의 소망은 제발 하루라도 빨리 분가해서 나가는 것이었다. 하지만 남편은 전세자금이 모자라서 못 나간다고 하였다. 그래서 나는 서울에서 집값이 싸다고 소문난 지역으

로 날이면 날마다 아들 손을 잡고 전셋집을 알아 보러 다니는 것이 일과가 되었다.

어느 무더운 여름날이었다. 그날도 개구쟁이 아들과 함께 전셋집을 보러 다니느라 몹시 지쳐서 집으로 돌아오게 되었다. 그날따라 아들 녀석이 고집을 부리고 떼를 써서 몹시 화가 나 있는 상태였다.

당연히 아무도 없으리라고 예상하고 집으로 들어섰는데 뜻밖에도 시아버지께서 와 계셨다. 며칠 전에 시골에 가셨다가 그날 돌아오신 것이었다.

그런데 시아버지는 속옷 차림으로 계시는 것이었다. 너무나 당황해서 시아버지에게 인사도 제대로 못하고 아이를 데리고 얼른 방으로 들어와 버렸었다.

그날 저녁은 참으로 위험한 날이었다.

참으로 사소한 일로 시아버지는 나에게 화를 내셨고 나에게 몹시 심한 말씀까지 하셨던 것이다. 나는 어릴 때부터 친정아버지에게서 심한 꾸지람을 들어 본 적이 없으며 나에게 그렇게 심하게 화를 내시는 모습을 거의 본 적이 없었다. 그런데 그날 시아버지가 나에게 화를 내시던 그 모습은 너무도 무섭고 엄청난 것이라서 사람이 어떻게 저렇게 분노할 수 있는지 의심이 갈 정도였다.

그날 밤에 나는 집을 나와서 다니던 교회에 갔다. 아마 그때 내가 조금이라도 믿음이 없었다면 어떻게 되었을지 생각만 해도 아찔했던 순간이었다. 교회에서 밤새도록 기도하면서 조금씩 마음을 안정시켜 나갈 수 있었다.

날이 밝자 시댁에 들어가야 된다는 생각과 이대로 버스를 타고 먼 곳으로 떠나버리자는 생각이 교차하였다. 그러나 그때에도 하나님의 은혜로 시댁으로 다시 들어가게 된 것이다.

시댁에 들어가서 나는 모든 자존심을 버리고 시아버지에게 무릎 꿇고 무조건 내가 잘못했으니 용서해달라고 하였다. 그랬더니 시아버지도 나에게 다소 미안하신지 당신도 그렇게 화를 내신 것이 잘못이었다고 말씀하셨다.

성령과 악령의 역사

그렇게 위험한 고비를 넘기고 우리는 근처 아파트로 분가하게 되었다. 비록 17평 전세 아파트였지만 나는 그저 내 살림을 하게 된 사실이 너무 좋아서 날마다 그릇들을 닦곤 했던 기억들이 새롭기만 하다.

그러나 기쁨도 잠시 남편이 다시 2년 동안 리비아로 떠나게 되었다. 남편이 떠나고 나서 나는 우울증과 불면증에 시달리게 되었다. 소설책을 읽고 나면 왠지 모르게 슬퍼지고 밤마다 잠이 오지 않아서 새벽까지 불면증에 시달려야 했다. 그런 가운데서도 구역 예배는 거의 빠지지 않고 열심히 참석했다.

그때 우리 구역의 구역장님이셨던 K집사님은 나에게 참으로 많은 친절을 베푸셨다. 내가 둘째 아기를 가졌을 때 그분은 우리 집에 찾아오셔서 김치까지 담가 주셨다. 그분은 구역 예배를 참으로 성령충만하게 인도하셨다. 그분의 뜨거운 찬양과 뜨거운 말씀은 우리를 온전히 하나님 안에 사로잡히게 만들었다.

그렇게 나의 기도생활은 시작되었다. 조그마한 골방에서 참으로 간절히 기도했던 것 같다. 그런데 이상하게도 내가 생각하기에는 오랫동안 기도한 것 같은데 나중에 시계를 보면 5분이나 10분 정도밖에 지나지 않았음을 알게 되었다. 그래도 거의 날마다 기도를 했다. 방언도 받지 못한 상태여서 그저 통성으로만 기도하곤 하였다. 기도내용은 주로 외국에 파송된 선교사를 위한 기도였었는데, 내가 왜 그런 기도를 하게 됐는지 그당시에는 깨닫지 못했었지만 지금 생각해보면 그때도 하나님께서 나에게 역사하고 계셨다는 사실을 알게 된다.

그 시절에 내가 겪었던 성령과 악령의 두 가지 커다란 역사가 있었다.

성령의 역사는 내가 둘째 아이를 임신하고 있을 때였다. 거의 임신 말기로 들어설 때여서 그날 낮에도 몹시 힘들어서 누워서 잠시 낮잠을 자고 있을 때였다. 갑자기 방안에서 하늘의 천사가 부르는 것 같은 아름다운 찬양 소리가 들리기 시작하였다. 그리고 여자 전도사의 강하고 빠른 설교 말씀이 들리기 시작하였다. 자세한 내용은 기억나지 않지만 대략 깨어서 기도하라는 메시지였던 것 같다. 그 당시 내가 다소 신앙생활에 게을러진 것을 깨우쳐주기 위해서 성령님이 역사하신 것이 아닌가 한다.

악령의 역사는 내가 기도원에 가기로 한 전날 밤 꿈을 통해서였다. 꿈속에서 무섭게 생긴 귀신이 나에게 마구 덤비는 것이었다. 꿈속에서 예수 그리스도의 이름으로 그것을 쫓았지만 그것은 계속 나를 공격하였다. 그렇게 꿈속에서 싸우다가 아침에 일어나서 기도원에 가려고 생각하니 어쩐지 무서웠다. 하지만 그것을 이겨내고 기도원에 무사히 다녀올 수 있었다. 아마 내가 기도원에 가는 것을 방해하기 위해서 마귀가 역사한 것 같다.

성령 세례를 받다

그렇게 서울 생활을 하다가 분당으로 이사를 오게 되었다. 그때 남편은 잠시 리비아에서 휴가차 나와 있었지만 분당으로 이사하자마자 다시 리비아로 떠나게 되었다. 남편이 떠나는 날 아침 나는 괜히 울적하고 속상해서 남편에게 짜증만 내고 그를 문 앞에서만 배웅하고 말았다. 남편을 떠나보내고 나서 왠지 모를 짜증과 허탈감으로 며칠을 우울하게 보냈다.

분당으로 이사 온 지 거의 석 달 동안을 교회를 정하지도 못하고 아예 교회에 나가지 않고 있었던 것이다. 그러던 어느 날 지금 내가 다니는 교회의 구역장이 우리 집을 방문하였다. 그래서 나는 그 구역장을 따라서 교회에 다시 나가게 되었다. 한동안은 주일마다 마지못해 억지로 교회에 나가곤 했었다.

그러다가 그 이듬해 4월 어느 날, 구역 식구 집마다 돌아가면서 21일 다니엘 기도를 드리고 있던 중이었다. 구역장이 나의 손을 잡고 눈물로 기도를 해 주었다. 그리고 나의 상한 마음을 위로해 주었다. 그 순간 눈물이 흘러나오기 시작하더니 나도 모르게 할렐루야를 외치게 되었다. 그리고 혀가 저절로 구르면서 방언이 터져 나오기 시작하였다.

내 평생에 내가 방언을 하게 될 줄은 상상도 못하던 일이었다. 그동안 나는 방언을 하는 사람들을 이상한 눈으로 보았고, 나도 저런 방언을 하게 되면 어떡하나 하고 은근히 걱정까지 하곤 했었다.

그날 구역 예배를 마치고 집으로 돌아와서 나의 방에 들어가서 다시 한 번 방언으로 기도를 해보기 시작하였다. 내 마음속에는 혹시나 방언이 사라졌으면 어떡하나 하는 두려움이 있었던 것이다. 그러나 집에서 기도하자마자 나도 모르게 유창한 방언들이 내 입술에서 나오기 시작하였다. 희랍어 같기도 하고 중국어 같기도 한 방언들이 뒤섞여서 흘러나오기 시작했다. 너무나 기뻐서 하나님께 거의 황홀경에 사로잡혀서 기도했던 것 같다.

예수님께서는 나로 하여금 십자가의 고통을 그대로 느끼게 해 주셨다. 그때 나는 참으로 가슴이 찢어지는 것 같은 아픔을 느꼈으며, 예수님께서 나를 위해서 십자가의 고통을 당하셨다는 것을 실감하게 되었다. 그리고 나서 예수님께서는 나로 하여금 자녀들(1남 1녀)에 대해서 철저히 회개하도록 하셨다. 나는 자녀들을 위해서 기도하면서 그동안 내가 얼마나 그들에게 악하게 했던가를 눈물로 회개하게 되었다. 예수님께서는 나에게 분명히 깨닫게 해 주셨다. 자녀들은 결코 우리의 소유물이 아니며 하나님께서 우리에게 잠시 맡기신 선물이라는 것을 말이다.

그때 이후로는 아직까지 두 자녀에게 크게 소리치거나 때린 적이 거의 없다. 그들을 보면 그저 사랑스럽고 안아주고 싶기만 할 뿐, 아이들을 감히 한 대라도 때리고 싶은 생각이 전혀 나지 않는다. 아마 그것은 성령님께서 나에게서 아이들에 대한 모든 악한 것들을 제하셨기 때문이리라.

정시 기도

나는 성령을 받고 나서 예배에 부지런히 참석하게 되었다. 주일 예배는 물론이고 새벽 예배, 수요 예배, 구역 예배, 금요 철야예배 등 거의 모든 예배에 참석하게 되었다. 교회에서 예배를 드리는 것이 그렇게 기쁠 수가 없었다.

두 아이를 데리고 교회에 가는 길은 비록 힘들었지만 성령님께서 인도해 주시므로 그 길은 언제나 기쁘고 희망찬 길이었다.

성령 세례를 받고 나서부터는 하루에 일정한 시간을 정해 놓고 오전에 한 번, 낮에 한 번, 밤에 한 번, 이렇게 세 번씩 기도를 하게 되었다. 이것을 정시 기도라고 한다. 그렇게 시간을 정해 놓고 기도를 하게 되니 날마다 기도가 끊어지지 않고 계속 이어져서 신앙생활에 많은 도움이 되었다. 그렇게 기도를 하고 나면 대개 강한 감동을 받곤 했는데, 그것은 성령님께서 역사하시는 순간이었다.

나는 성령님께서 인도하시는 대로 어떤 집에 찾아가서 전도하기도 하고, 누군가에게 전화해서 전도하거나 또는 중요한 사실을 이야기해 주기도 하였다.

내가 성령을 받기 전에는 우리 집은 항상 어수선하였다. 왜냐하면 우리 아들 녀석이 항상 친구들을 집으로 데리고 와서 놀면서 온 집안을 어지럽혔기 때문이다. 내가 성령을 받고 나서 제일 먼저 간절히 기도한 것은 제발 우리 집에 동네 꼬마 녀석들이 오지 않게 해 달라는 것이었다. 그렇게 되어야만 내가 조용한 가운데 기도 생활을 할 수 있기 때문이었다.

하나님께서는 나의 기도에 즉시 응답해 주셨다. 내가 기도하고 난 이후로는 그렇게 날마다 우리 집에 찾아오던 동네 아이들이 거의 오지 않는 것이었다. 게다가 우리 아들 녀석도 갑자기 얌전해져서 밖으로 쏘다니지 않고 거의 매일 집에만 있는 것이었다.

그때 나는, 기도하기를 원하는 자에게 하나님께서는 모든 환경과 주위 여건을 기도할 수 있도록 마련해 주신다는 것을 비로소 깨달았다.

40일 작정 새벽 기도

분당으로 이사를 와서 교회에 등록을 하고 다닌 지 얼마 되지 않았을 때였다. 구역장이 나에게 무심코 새벽 기도 40일 제단을 쌓을 것을 권유하였다. 나는 무엇엔가 이끌리는 것처럼 구역장의 권유에 따라서 구역 식구들과 함께 새벽 예배에 참석하기 시작했다. 새벽 예배 첫날에 나는 구역장이 시키는 대로 헌금 봉투 앞면에 '40일 작정 새벽 기도'라고 쓰고, 나의 기도 제목(남편과 시집 식구들 구원)을 써 넣고 헌금과 함께 헌금함에 넣었다.

지금 생각하면 그때가 새벽 예배에 가장 열심히 다녔던 때였던 것 같다.

나는 날마다 거의 필사적으로 새벽 기도에 나가기 시작하였다. 새벽에 일어나지 못할 것을 염려해서 우리들(구역장과 구역식구 S)은 먼저 일어나는 사람이 서로에게 전화를 걸어주기로 하였다. 새벽 4시경에는 어김없이 우리 집 거실에서 전화벨 소리가 울려 나오곤 하였다. 한참을 자다가도 그 전화벨 소리만 나면 용수철이 튕겨 오르듯이 벌떡 자리에서 일어날 수 있었다. 어떤 날은 일부러 책을 읽으면서 꼬박 새벽까지 잠을 자지 않고 있다가 새벽 예배에 가기도 하였다.

그때까지만 해도 나는 겁이 무척 많았다. 새벽에 일어나서 밖으로 나갈 때 현관의 전등불을 끄고 가야 되는데, 캄캄한 가운데 문을 열고 나와서 열쇠로 문을 잠그고 엘리베이터를 타고 밖으로 나오기까지 매번 가슴이 두근거리곤 하였다. 내가 아직 방언 기도를 하지 못할 때여서 새벽 기도 시간에 나는 그저 통성으로 소리치듯이 기도하곤 하였다.

새벽 기도를 마치고 집으로 돌아오는 길은 참으로 즐거운 길이었다. 새벽 기도로 하루를 시작하는 일은 참으로 신선하고 희망찬 것이었다. 그러나 새벽 기도 40일이 그렇게 순탄하지만은 않았다.

어느 날 새벽 예배를 마치고 집으로 돌아와서 열쇠로 문을 열어 보니 문이 열리지 않았다. 깜짝 놀라서 다시 아랫구멍에 열쇠를 넣고 열어 보았지만 역시 마찬가지였다. 나중에 보니, 문은 안쪽에서 비상 잠금 장치로 채워져 있는 상태였고 집안에는 작은아이(딸)만 남아 있었다. 큰아이인 아들은 어찌 된 일인지 그 시간에 문 밖에 나와 있었다.

그 당시 작은아이는 겨우 세 살밖에 안 되었고, 키가 닿지 않아서 도저히 그 아이가 안쪽에서 비상 잠금 장치를 채울 수는 없는 상태였다. 문 안쪽에서 작은아이의 우는 소리가 들려왔다. 갑자기 공포감이 엄습해 와서 어찌해야 할지 막막하기만 하였다. 앞집에 벨을 누르고 들어가서 전화로 119 구조대에 신고를 하였다. 119 구조대에 사정 이야기를 하니까 처음엔 올 생각이 없는 듯, 다시 한 번 문을 열어보라고 하였다. 하지만 내가 간곡히 부탁을 하자 출동하겠다고 하였다. 그러나 현관문은 먼저 도착한 경비실 직원 아저씨에 의해서 간단히 열렸다. 그는 긴 철사 막대기로 아주 간단하게 잠금장치를 위로 올려 주었다. 그리고 나서 20분쯤 후에 119 소방차가 도착하였다. 너무 미안한 마음과 함께 두려움도 생겼지만 다행히 아무 일 없이 소방차는 다시 떠나갔고, 모든 것이 다시 제자리로 돌아올 수 있었다.

그 일은 어떻게 생각하면 우연이라고도 볼 수 있었다. 그러나 그런 일이 하필 내가 새벽 기도 40일 작정 중에 일어났을까를 생각해보면 그저 우연이라고만은 볼 수 없을 것 같았다. 사탄은 우리가 기도 생활을 하지 못하도록 끊임없이 방해 공작을 펴곤 한다.

그렇게 우여곡절 끝에 새벽기도 40일이 다 채워질 무렵이었다. 왠지 모르게 새벽 기도에 나가기가 싫은 생각이 드는 것이었다. 내가 날마다 새벽에 기도한다고 해도 과연 믿지 않는 시집 식구들이 하나님을 믿게 될 것인지 내 마음속에서 의심의 씨앗이 싹터 올랐다. 그러던 어느 날 시어머니에게서 갑자기 전화가 왔다. 그동안 하나님을 믿지 않던 막내 시누이가 교회에 나가게 되었다는 소식이었다.

그날이 새벽 기도 38일째 되는 날이었는데 그 소식에 힘을 얻어 무사히 새벽 기도 40일을 마칠 수 있었다.

지금 생각하면 내가 새벽 기도 40일을 드릴 수 있었던 것은 성령님께서 나를 도와주셨기 때문인 것 같다. 성령님께서는 날마다 나를 깨워 주시고 마음속에 의심의 안개가 드리워질 때에도 끊임없이 나에게 믿음을 불어 넣어 주셨다. 그 모든 것이 하나님의 은혜일 것이다.

우리가 하나님을 믿으면서도 때때로 환경을 바라보면서 낙담하거나 절망감에 빠지는 일이 얼마나 많은가! 사탄은 언제나 우리의 눈에 보이는 것을 통하여 우리를 시험에 빠트리기도 하고 우리가 낙담하게 만들기도 한다.

하지만 그러한 사탄의 책략에 휘말려 들어가면 안 될 것이다. 하나님은 우리가 뒤로 물러서는 것을 결코 원하지 않으신다. 날마다 우리의 믿음이 더욱 더 자라기를 원하시는 것이다. 오직 한 분뿐이신 예수님만을 바라보자. 그리하면 어떠한 어려움이라도 모두 이겨낼 수 있으리라.

제삿날에 생긴 일

내가 성령 세례를 받고 나서 제일 먼저 고민으로 떠오른 것은 제사에 관한 문제였다. 어느 목사님의 제사에 관한 설교와 고린도전서 10장 20절과 21절 말씀을 통해 제사를 지내는 것은 하나님의 뜻과 어긋난다는 것임을 확실히 깨달을 수 있었다.

대저 이방인의 제사하는 것은 귀신에게 하는 것이요 하나님께 제사하는 것이 아니니 나는 너희가 귀신과 교제하는 자 되기를 원치 아니하노라. 너희가 주의 잔과 귀신의 잔을 겸하여 마시지 못하고 주의 상과 귀신의 상에 겸하여 참예치 못하리라.

하지만 시아버지는 아직도 예수님을 믿지 않고 계셔서 해마다 지내던 제사를 그만둘 수는 전혀 없는 상황이었다.

나는 제사 문제를 놓고 간절히 시댁에서 우상 숭배하는 일이 사라지게 해달라고 기도하였다. 그리고 나의 기도에 하나님께서는 응답해 주셨다.

그해 가을에 예전 같았으면 당연히 지냈어야 하는 시조모 제사를 지내지 않게 된 것이다. 제삿날에 이르러서 갑자기 막내 시누이가 큰 수술을 받고 병원에 입원하게 되는 일이 생겼기 때문이었다. 그러나 그 다음해부터는 일 년에 두 번씩 지내는 제사가 예정대로 진행되어서 안타까운 마음이 들었다. 그리고 새해가 바뀌어서 1997년 1월 18일에 또 제사를 지내게 된 것이다.

참으로 오랫동안 제사는 나 스스로가 거의 무의식적으로 습관적으로 지내왔던 것 같다. 어린 시절에 어른들이 제사를 지낼 때, 여자들과 어린 나는 절을 하면 안 되기 때문에 항상 문 밖에 서서 제사상 앞에서 엎드려 절을 하고 있는 남자들의 모습을 그저 무심히 지켜보곤 하였다.

향 피우는 냄새가 온 방 안을 가득히 메우고, 제사가 끝날 때면 대문 밖에는 항상 밥과 밤 몇 톨과 생선 몇 조각이 초라하게 내어져 있었다. 그 시절에는 거지도 상당히 많았으므로 간혹 거지나 개가 그 음식을 먹게 되는 경우도 있었다.

1997년 1월 18일 토요일은 내 생애에 있어서 결코 잊을 수 없는 날이 되고 말았다. 그날은 시조부의 제삿날이어서 여느 때와 다름없이 두 아이를 데리고 일찌감치 집을 나서서 오전 11시경에 시댁에 도착했다.

나는 그날 집에서 기도를 하며 단단한 각오를 하고 갔다. 그날은 반드시 시아버지에게 복음을 전해야겠다는 생각을 한 것이다. 그러나 제삿날이라서 하루 종일 음식 장만을 하느라고 도저히 시아버지에게 전도할 시간이 생기지 않았다.

예정대로 저녁 8시경에 제사를 지내게 되었다. 시아버지께서 지방을 써서 벽에 붙이고 향연기가 방안에 가득히 메워져 있는 가운데 제관들이 일제히 제사상 앞에 절을 하기 시작하였다. 그때 나는 너무나 안타까운 마음이 들어서 방문 앞에 앉아서 묵상 기도를 드리려고 하였다. 그러자 갑자기 머리가 어지러우면서 현기증이 나서 기도를 계속할 수가 없었다. 이래서는 안 되겠다 싶어서 나도 모르게 방언 기도를 시작하게 되었다. 그러자 남편이 놀라서 나를 데리고 작은 방으로 들어가게 하고 방문을 닫았다. 하지만 나는 그 방에서 무릎을 꿇고 앉아서 계속 방언 기도를 드리게 되었다.

나는 참으로 간절한 심정이 되어서 시아버지와 시동생을 위해서 기도하였다. 큰소리로 울면서 하나님께 그들을 구원해 달라고 거의 절규하듯이 기도하였다. 방언으로 찬송을 하기도 하고 방언 통역을 하기도 하면서 거의 두 시간 가까이 기도를 했던 것 같다.

기도를 다 마치고 방에서 나오니 제사를 다 마치고 저녁을 다 먹은 뒤였다. 그때 시아버지에게 야단맞을 각오를 단단히 하고 있었다. 그런데 시아버지께서는 큰방에서 나오시지 않으셨다. 시어머님께서 우리에게 그냥 가라고 하셨다. 그래서 나는 그날 무사히 집으로 돌아올 수 있었다. 돌아오는 차 안에서 남편의 모습을 보니 다소 화가 난 듯한 표정이었다. 순간적으로 나는 두려움이 들었지만 하나님께서 나를 지켜주실 것을 믿었다.

그날 밤 집에 도착해서 남편은 아무런 말이 없었다. 무슨 말을 하고 싶지만 꾹 참고 있는 듯하였다. 그렇게 해서 그날은 그렇게 무사히 지나갔다.

네 소원이 무엇이냐

그 다음 날 아침이었다. 내 방에서 기도를 하려고 무릎을 꿇고 앉아 있었다. 그러자 내 마음 깊은 곳에서 하나님의 음성이 들려왔다. 그때 하나님은 나에게 물으셨다. "네가 무엇을 원하느냐?" 하고 말이다.

나는 갑자기 받게 된 하나님의 질문에 당황해서 잠시 아무 말도 못하고 가만히 앉아 있었다. 그러자 두 번째로 다시 나에게 하나님이 또 물으셨다. "네가 무엇을 원하느냐?"고 말이다.

그래서 나는 하나님께 지혜를 달라고 하였다. 지혜가 부족해서 세상을 살아나가기가 무척 힘이 드니 나에게 지혜를 달라고 하였다. 그랬더니 하나님께서는 더 이상 아무 말씀도 하지 않으셨다.

그 다음 날 아침이었다. 기도를 하려고 무릎을 꿇었더니 하나님께서 세 번째로 나에게 또 물으셨다. "네가 진정으로 원하는 것이 무엇이냐?"고 말이다.

그래서 나는 내가 진정으로 원하는 것이 무엇인지 곰곰이 생각해보기 시작하였다. 그러자 내가 오래 전부터 꿈꾸어왔던 나의 소망이 떠오르는 것이었다. 나는 대학교를 다니면서 나중에 졸업을 하고 나면 다시 내가 다니던 대학교에 와서 후배들을 가르치고 싶다는 소망을 가지게 되었다.

나는 모교인 이화여대를 참으로 사랑한다. 비록 대학교를 졸업한지 10년이 넘는 세월 동안에 거의 찾아가 본 적이 없는 캠퍼스이지만 지금도 눈을 감으면 대강당 건물 앞에 선명하게 새겨진 하얀 십자가가 뚜렷하게 떠오르곤 한다.

대학 신입생 시절에 매주 월요일마다 대강당에 모여서 드렸던 채플 시간과 열정적으로 강의를 하시던 교수님들의 모습과 봄이면 어김없이 피어나던 목련꽃으로 화사하던 캠퍼스를 어떻게 잊을 수 있을 것인가. 그리고 나는 기숙사 생활을 했기 때문에 교정 곳곳을 마치 우리 집 정원처럼 마음 놓고 거닐 수 있었다. 그때 나는 새벽이슬이 맺힌 풀잎을 보고 가슴이 시릴 만큼 아름답다는 생각을 했다.

대학교를 졸업하고 이리저리 삶의 물결에 휩쓸리면서도 이화여대는 언제나 가슴 깊숙한 곳에 그리움으로 자리 잡고 있었던 것이다. 이화여대를 생각하면 언젠가는 반드시 내가 다시 찾아가야 할 곳이라는 느낌이 들곤 했다.

하나님께서는 너무나 오래 되어서 이제는 희미해져버려서 나 자신마저도 잊고 있었던 나의 오랜 소망을 기억나게 해 주신 것이다. 그래서 나는 하나님께 이화여대 교수가 되고 싶다는 소원을 말하였다. 그랬더니 하나님께서는 나의 소원을 이루어주시겠다고 말씀하셨다. 그러나 그것이 너무나 불가능한 일임을 알고 있었기에 하나님의 말씀에 큰 의미를 두지 않고, 그저 나에게 내 소원을 물어보셨을 뿐이라고만 생각하였다.

그러나 그것이 전부가 아니었다.

며칠이 지난 어느 날 밤이었다. 그날도 자기 전에 기도하기 위해 무릎을 꿇고 기도를 시작하였다. 그러자 갑자기 하나님께서 나에게 대학원에 들어가라고 말씀하셨다. 나는 너무나 놀라서 나도 모르는 사이에 하나님께 되묻고 있었다. 왜 대학원에 들어가야 하느냐고 말이다. 사실 두 아이를 키우면서 집안 살림을 하는 것만으로도 벅차서 다시 공부를 시작한다는 것은 감히 상상도 하지 못하고 있었다. 더군다나 사십이 다 되어가는 나이에 다시 대학원에 들어가는 모험을 하고 싶지는 않았다. 그리고 공부를 다시 시작하는 일이 그저 귀찮고 힘들게만 여겨졌다. 그랬더니 하나님께서는 나에게 분명히 말씀하셨다. 내가 교수가 되려면 대학원에 들어가서 공부를 더 해야 된다고 말이다. 그것은 맞는 말씀이었다. 하지만 공부는 정말 다시 더 하고 싶지가 않았다. 그래서 하나님께 교수가 되지 않아도 좋으니까 나에게 대학원에는 들어가라고 하지 말아달라고 간청하였다.

그러나 하나님께서는 계속 나를 강권하셨다. 그분은 나에게 대학원의 이름과 학과까지 가르쳐주시면서 그곳이 내가 들어가야 할 대학원이라고 말씀하셨다.

날마다 계속되는 성령님의 강권에 이끌려서 나는 어느새 나도 모르게 그 대학원에 전화를 하게까지 되었다. 그리고 우여곡절 끝에 결국 그 대학원에 입학을 하고 공부를 새로 시작하게 되었다. 그 모든 과정들이 너무나 숨 가쁘게 진행되어서 나는 마치 순풍에 돛을 단 듯이 앞으로 나가게 되었다.

하나님께 사로잡힐 때

　진정 하나님께서 원하시는 일이라면 그 일이 잘되도록 하나님께서 환경의 문을 열어주시고 도움의 손길을 보내주신다. 참으로 내가 대학원에 들어갈 수 있도록 남편이 나를 도왔고, 친정어머님이 나를 도와주셨고, 또한 나의 아이들이 나를 도와주었다. 결국 그 모든 것은 하나님께서 나를 도와주셨기 때문에 가능했으리라. 만일 하나님의 도움의 손길이 없었더라면 그 모든 일은 불가능했으리라. 아직도 실감이 나지 않는다. 어떻게 해서 내가 늦은 나이에 대학원에 입학하게 되었으며 또 무사히 졸업하게 되었는지.

　그 모든 일들이 마치 꿈결처럼 느껴진다. 참으로 놀라운 사실은 4학기 동안 내가 결석을 단 한 번도 하지 않았다는 점이다. 분당에서 서울까지는 결코 가까운 거리가 아니었다. 마을버스를 타고 전철을 두 번씩 갈아타고, 또 내려서 한참을 걸어가야 하는 곳이었다. 그러나 매주 월요일만 되면 마치 무엇인가에 이끌리듯이 발에 날개를 단 것처럼 내가 아닌 다른 사람처럼 그렇게 붕붕 떠다닌 것 같다. 하나님이 나와 함께 동행하셨기 때문에 그 모든 일이 가능했으리라.

　진정 하나님 안에 우리가 온전히 사로잡힌다면 우리의 삶에는 놀랄

만한 변화가 올 것임을 확신한다. 내가 나의 삶을 변화시키는 것이 아니라 하나님께서 나의 삶을 변화시키시는 것이다. 하나님께서 일단 우리의 삶을 책임지시기로 작정하시고 나면 참으로 확실하게 우리의 모든 삶을 이끄시고 인도해 주신다. 우리는 오직 주님만 의지하고 그분에게 우리의 모든 것을 내어 맡기면 되는 것이다.

주님에게 우리의 모든 것을 맡긴다는 것은 우리의 모든 고집과 자아를 버리고 주님께 전폭적으로 우리의 인생을 의지한다는 것을 뜻한다. 그렇게 할 때 성령님께서 우리의 삶에 강력하게 역사하시는 것이다. 만일 우리가 우리의 생각과 우리의 계획대로 모든 일을 다 해놓고 나서 결과만을 위해서 하나님께 기도를 한다면 그 기도는 응답받기가 지극히 어려울 것이다.

하나님께서는 우리가 어떤 일을 시작하기 전부터 그 일에 대해서 자세히 상의하기를 원하신다. 그러므로 우리가 온전히 하나님의 인도하심을 받으려면 모든 일을 시작하기 전에 먼저 하나님께 기도하는 일이 선행되어야만 한다.

기도를 하고 나서 무엇이 하나님의 뜻인가를 확실히 알게 되면 하나님의 뜻대로 모든 일을 해나가면 될 것이다. 그러나 우리는 나약한 인간이기 때문에 매번 그것이 하나님의 뜻인 줄을 알면서도 환경을 바라보고 사람을 바라보다가 실망하고 낙담하며 뒤로 물러서는 경우가 종종 있다. 그럴 때에 우리는 단호하게 예수님의 이름으로 그 모든 악의 세력들을 담대히 물리치고 오직 믿음으로 예수님만 바라보며 앞으로 나아가야 할 것이다.

하나님과 함께 나가는 길이 결코 평탄한 길만이 있는 것은 아니다. 때로는 험한 가시밭길도 지나가야 하고 시련의 사나운 폭풍 속도 지나가야 하는 것이다. 그러나 우리가 항상 주님 품 안에서 떠나지 않는다면 주님은 그 모든 환란과 역경 가운데서 우리를 지켜주실 것이다.

세상에는 수많은 소리들이 있다. 우리는 세상의 다른 소리들에 귀를 기울일 필요가 없다. 오직 주님께서 우리에게 하시는 말씀에만 귀를 기울이면 되는 것이다. 세상에서 어느 누가 하나님의 지혜보다 앞서 갈 자가 있겠는가?

하나님의 지혜는 너무나도 넓고 깊고 커서 감히 우리들이 상상조차 할 수가 없을 정도이다. 그분은 우리에게 필요한 것이 무엇인가를 잘 아시고 우리의 필요한 것을 채워주시고, 우리의 병든 몸을 고쳐 주시고 우리의 상한 심령을 치료해 주신다.

하나님에게 우리가 완전히 사로잡힐 때 우리의 인생은 놀랄 만한 변화를 겪게 될 것이다.

질병을 고침 받다

나는 어릴 때부터 몹시 병약한 아이였다. 학교에 다닐 때 체육 시간이 가장 두려웠고 체육 시간에 달리기를 하고 나면 언제나 심장이 너무 심하게 두근거려서 곧 터져버릴 것만 같았다. 초등학교 5학년 때로 기억된다. 체육 시간에 운동장 한 바퀴를 뛰어서 도는 것도 너무 힘이 들어서 다른 아이들은 다 돌았는데 유독 나만 한 바퀴를 다 돌지 못하고 중간에서 포기해야만 했다. 너무 숨이 찼기 때문이었다.

게다가 나는 어릴 때부터 만성 중이염으로 많은 고통을 받아야만 했다. 만성 중이염이란 귀에서 끊임없이 고름이 흘러나오는 병인데, 한번 고름이 나오기 시작하면 병원에 다녀도 1주일 정도는 고름이 멈추지 않고 계속 흘러나왔다. 고름은 심한 악취가 나서 초등학교 시절에는 그것 때문에 학교 다니는 것이 참으로 힘들고 창피스러웠다. 더군다나 거의 날마다 병원에 가서 아픈 귀를 치료받는 일이 어린 나에게는 너무나 커다란 고통이었다. 그 당시 담당 의사의 말에 의하면 만성 중이염을 완치하려면 수술하는 수밖에 없고, 만일 수술하지 않고 치료만 한다면 나중에 다시 재발할 것이라고 하였다. 그러나 나는 수술하지 않았다.

나중에 전해들은 이야기인데, 그때 나처럼 만성 중이염으로 수술한 아이가 있었는데 수술을 하고나서 그 아이는 뇌신경에 손상이 가서 거의 바보처럼 되었다고 한다.

　만일 나도 예전에 수술을 했었다면 어쩌면 그 아이처럼 바보가 되었을지도 모를 일이다. 그때 수술을 하지 않았던 것도 하나님의 은혜였던 것 같다.

　초등학교 시절에 교통사고를 당한 적이 있었다. 그런데 이상한 일은 분명히 내가 택시와 크게 부딪쳤는데도 나중에 보니 무릎에만 약간의 타박상이 있었을 뿐, 아무 일이 없이 멀쩡했다는 점이다. 그때도 하나님께서 나를 보호해 주셨기 때문이리라.

　의사의 말대로 내가 어른이 되어서 또다시 귓병이 재발하기 시작하였다. 평소에는 괜찮다가도 과로하거나 몸이 몹시 피곤할 때에는 어김없이 귀에서 고름이 흘러나오는 것이었다. 또 허리가 너무 아파서 심한 일은 거의 하지 못할 정도였다. 계단을 오르내리는 것은 물론이고, 잠시 서서 설거지를 할 때에도 허리가 아파서 못 견딜 지경이었다. 그리고 차를 타고 조금 먼 곳으로 갈 때면 언제나 멀미를 해서 토하곤 하였다.

　결혼을 하고 첫아이를 낳은 후 몸은 극도로 약화되었다. 웬만해서는 좀처럼 병원을 찾지 않던 나였지만 몸이 너무 아파서 스스로 병원에 가서 진찰을 받았다. 그때는 심신이 극도로 허약해져서 걷는 것조차 몹시 힘이 들 정도였다. 나를 진맥하던 한의사는 나에게 이렇게 약한 몸으로 아이는 어떻게 낳았느냐고 하였다. 그러던 내가 분당으로 이사를 와서 열심히 새벽 예배에 다니기 시작하면서부터 나도 모르게 건강해진 것이다.

이제는 만성 중이염에서 완전히 해방되었고 허리도 전혀 아프지 않게 되었다. 또한 차를 타고 먼 곳으로 가도 이제는 멀미를 하지 않는다. 예전에는 한 달에도 몇 번씩 두 아이가 번갈아 가면서 아파서 아이들을 병원에 데리고 다니는 일이 큰 행사였었는데, 이제는 두 아이 모두 겨울철에도 감기 한 번 걸리지 않고 참으로 건강하게 자라고 있다. 그 모든 것이 하나님의 은혜라고 생각한다.

성령님의 도우심

대학 시절에 나의 전공은 법학이었다. 그때 내가 왜 법학과를 지원하게 되었는지 지금 생각해보면 아버지의 소망 때문이었던 것 같다. 아버지는 항상 나에게 판사가 되어야 한다고 말씀하시곤 하셨다. 그래서 은연중에 대학교에 가면 법학을 전공해야 된다고 나도 모르게 생각하고 있었다.

그러니까 다른 과는 거의 생각해보지도 않고 마치 운명처럼 법학과를 지원하게 된 것이다. 그러나 법학이라는 과목은 너무나 논리적이고 딱딱한 학문이어서 공부를 시작해보니 어렵기만 하고 적성에 잘 맞지 않았다. 그 당시에 나름대로 정말 열심히 공부를 했다.

그런데 한창 나이던 대학 시절에는 그렇게 내가 공부를 하려고 해도 도무지 머릿속에 공부가 잘 들어오지 않았다. 전공 서적을 아무리 꼼꼼하게 읽어 내려가도 이해가 되지 않았다. 그런데 십여 년 동안 전혀 공부를 하지 않다가 뒤늦게 하나님께서 인도해 주셔서 대학원에 들어가서 공부를 시작해보니 그때보다 오히려 공부가 더 잘되는 것이 신기하기만 했다.

그동안 잠자고 있던 뇌세포들이 일제히 깨어나서 반짝반짝 두 눈을

빛내면서 새로운 지식들을 빠른 속도로 흡수해가고 있는 것 같았다.

대학원 시절에는 내가 책을 읽을 때나 밤늦게까지 과제물을 작성할 때엔 언제나 나를 강하게 도우시고 계시는 성령님의 손길을 나는 느낄 수 있었다.

이제 나는 지극히 사소한 일까지도 주님과 상의하게 되었다. 예컨대 무엇을 사려고 할 때 먼저 주님께 그것을 구입해도 되는지 여쭤보는 것이다. 그것은 무슨 일을 시작할 때 먼저 부모님께 허락을 받는 일과 마찬가지이다.

하나님께서는 우리가 그분에게 우리의 조그마한 일들까지도 모두 내어 놓고 기도하기를 원하신다. 우리가 하나님께 우리의 삶의 사소한 부분까지도 온전히 내어 맡기고 하나님을 의지할 때 그분은 우리의 삶의 세밀한 부분까지에도 역사하시는 것이다.

우리가 기도할 때 하나님께서는 그분의 완전하신 지혜로 우리를 인도해 주신다.

사랑의 은사

어떤 이에게는 성령으로 말미암아 지혜의 말씀을, 어떤 이에게는 같은 성령을 따라 지식의 말씀을, 다른 이에게는 같은 성령으로 믿음을, 어떤 이에게는 한 성령으로 병 고치는 은사를, 어떤 이에게는 능력 행함을, 어떤 이에게는 예언함을, 어떤 이에게는 영들 분별함을, 다른 이에게는 각종 방언 말함을, 어떤 이에게는 방언을 통역함을 주시나니 이 모든 일은 같은 한 성령이 행하사 그 뜻대로 각 사람에게 나누어 주시느니라.

-고린도전서 12:8-11

은사란 영어 성경을 찾아보면, 'gift of grace'라고 나와 있다. 즉 '신의 은총의 선물'이라는 뜻이다. 은사는 한문으로는 '恩賜(은혜 은, 줄 사)'이며, 우리말 사전을 찾아보면 그 뜻이 '임금이 신하나 백성에게 내려줌, 또는 그 물건'으로 나와 있다. 그러므로 은사라는 어휘의 뜻을 종합해서 말해보면, '하나님께서 믿는 사람들에게 은혜로써 내려주시는 귀한 선물'이라고 정의할 수 있다.

지금까지 우리는 은사에 대해서 대체적으로 무지했던 것이 사실이다. 은사라고 하면 대개 신비한 것으로 단정하고, 아주 특별한 사람들에게나 주어지는 것으로 인식해왔다. 또한 기도원에 가서 오랫동안 금식 기도를 한 후에나 받을 수 있는 것으로 생각해왔다. 그러나 성경을 읽어 보면 은사란 성령님께서 그 뜻대로 각 사람에게 나누어 주시는 것이지, 어떤 특정한 사람이 그 사람의 임의대로 받는 것이 아님을 알 수 있다.

하나님을 믿고 성령 세례를 받은 사람이라면 누구나 다 한두 가지 이상의 크고 작은 은사를 다 소유하고 있다고 보아야 할 것이다. 물론 사람마다 다 똑같지는 않을 것이다. 어떤 사람에게는 강하게 나타나는 은사가 다른 사람에게는 약하거나 거의 나타나지 않을 수도 있고, 또 그와 반대의 경우도 있을 것이다.

우리는 대개 은사라고 하면 병자를 고치는 치유의 은사와 미래를 예언하는 예언의 은사를 선뜻 머릿속에 떠올리게 된다. 그리고 치유의 은사와 예언의 은사가 은사의 전부인 것처럼 인식하고 은사를 받았으면 마땅히 병자를 치료할 수 있어야 하고, 예언도 할 수 있어야 하는 것으로 잘못 생각하고 있는 것 같다.

치유의 은사와 예언의 은사도 물론 은사의 일종이지만 그것이 은사의 전부는 아닌 것이다.

고린도전서 12장 8절에서 11절까지 나와 있는 은사의 9가지 종류 이외에도 가르치는 은사, 섬김의 은사, 손님 대접하는 은사, 구제의 은사, 사랑의 은사 등 은사의 종류는 참으로 광범위하다고 볼 수 있다.

우리들은 대개 그러한 은사들 가운데 한 가지씩은 다 소유하고 있으면서도 그러한 것이 대수롭지 않다고 생각하여 그것이 은사인 줄을 알지 못하고 있는 경우가 있다. 그러나 평범한 것이 오히려 빛나는 것일 수가 있다.

성경에는 사랑의 은사가 최고의 은사라고 말하고 있다.

고린도 전서 12장 31절에 "너희는 더욱 큰 은사를 사모하라. 내가 또한 제일 좋은 길을 너희에게 보이리라." 라고 기록하고 있으며, 13장에서는 사랑에 대해서 계속 말하고 있다.

우리가 아무리 좋은 은사를 받았다고 해도 사랑이 없다면 아무 소용이 없다. 마찬가지로 우리가 아무리 하나님의 일을 열심히 한다 해도 우리에게 사랑이 없다면 그것은 아무 소용이 없을 것이다.

예언의 은사

> 그러나 예언하는 자는 사람에게 말하여 덕을 세우며 권면하며 안위
> 하는 것이요, 방언을 말하는 자는 자기의 덕을 세우고, 예언하는 자
> 는 교회의 덕을 세우나니
>
> —고린도전서 14:3-4

여러 가지 은사들 중에서 예언의 은사는 특별히 신중하게 행할 것
이 요구된다. 왜냐하면 예언의 은사는 직접 사람을 상대하는 것이므
로 상당한 위험성이 수반되기 때문이다. 처음에 예언의 은사를 받았을
때에 본인 자신도 그것이 무엇인지 몰라서 우왕좌왕하는 수가 있다.

은사자가 명심할 일은 성령이 역사하는 곳에는 언제나 악령도 함께
역사한다는 것이다. 사탄은 끊임없이 은사자들을 추락시키려고 그들
을 공격한다. 그러므로 처음에 은사를 받았을 때, 그 사실을 본인만 알
고 있고 되도록 다른 사람들에게 나타내지 않는 것이 현명한 일이다.

의심은 절대 금물이다. 우리가 하나님에게서 좋은 은사를 받아 놓
고도 그것이 정말 하나님이 주신 것인지 의심할 때가 있다. 그때 사탄
이 틈을 타는 것이다.

우리의 마음이 불안으로 흔들릴 때 마귀는 우리를 더욱 더 공격해

온다. 오직 주님만을 바라보고 앞으로 담대하게 나아가야 한다. 모든 것을 성령님께서 인도하시는 대로 따라가면 되는 것이다.

우리가 성령님을 의지하지 않고 사람을 의지하려고 할 때 실망하게 되고, 또한 좌절하게 된다.

예언이란 그 사람이 묻는 것을 가르쳐주는 것이 아니라, 하나님께서 주신 말씀을 상대방에게 그대로 전달해 주는 것이다.

우리가 만일 예언의 은사를 받았다면 더욱 더 겸손해져야 할 것이다. 우리가 예언의 은사를 받았다고 해서 마치 모든 것을 알고 있는 것처럼 교만해진다면 참으로 성령님께서 슬퍼하실 것이다.

처음에 예언의 은사를 받았을 때에는 되도록이면 사용하지 않는 것이 좋을 것이다. 하나님으로부터 예언의 말씀을 받았다고 해도 그것을 상대방에게 전달해 주는 데에는 상당한 지혜와 주의가 요구되기 때문이다. 우리가 조금만 틈을 보여도 마귀는 그 틈을 비집고 순식간에 들어오기 때문에 조심에 조심을 거듭해도 모자라다.

하나님께 받은 메시지를 꼭 전해줘야 할 경우에는 상대방의 성격과 영적인 상태 등 여러 가지를 잘 생각하고, 어휘를 잘 선택해서 참으로 신중하게 전달해줘야 한다. 그리고 모든 것은 항상 성경 말씀에 먼저 비추어 보아야 할 것이다.

하나님께서 어떤 사람에게 특별한 은사를 주셨을 때에는 그 은사를 통하여 하나님의 일을 행하라고 주신 것이다. 그러므로 은사를 통하여 개인의 영달을 추구하려고 해서는 안 될 것이다.

우리 주위에는 은사에 대해서 비판의 시각을 가지고 부정적인 생각을 가지고 있는 사람들이 의외로 많음을 우리는 알고 있어야 한다. 은사자들은 마땅히 그들을 경계해야 한다. 그들은 은사자들을 인정하려고 하지 않으며, 은사자들을 시기하고 의심하여 결과적으로 성령훼방죄까지 범하게 되는 경우가 있다.

그러므로 내가 너희에게 이르노니 사람의 모든 죄와 훼방하는 것은 사하심을 얻되 성령을 훼방하는 것은 사하심을 얻지 못하겠고, 또 누구든지 말로 인자를 거역하면 사하심을 얻되 누구든지 말로 성령을 거역하면 이 세상과 오는 세상에도 사하심을 얻지 못하리라.
-마태복음 12:31-32

이처럼 성경에는 성령훼방죄가 가장 큰 죄라고 기록되어 있다.

은사는 성령이 그 사람을 통해서 나타나시는 것이다. 그러므로 은사를 부정하고 은사자들을 핍박하는 것은 곧 성령을 부정하고 성령을 핍박하는 것이다.

지금은 성령의 시대이며 은사의 시대이다. 때가 얼마 남지 않았으므로 하나님께서는 각 교회마다 은사자들을 많이 세워서 이 말세에 하나님의 사역을 담당하시기를 원하시는 것이다.

교회가 그들을 색안경 낀 눈으로 바라보거나 배척한다면 하나님께서 결코 기뻐하시지 않을 것이다. 그들을 잘 포용해서 올바르게 인도한다면 교회에 덕을 세우고 하나님 나라를 확장해나가는 데 커다란 역할을 할 것이다.

기도에 대하여

너는 기도할 때에 네 골방에 들어가 문을 닫고 은밀한 중에 계신 네 아버지께 기도하라. 은밀한 중에 보시는 네 아버지께서 갚으시리라. 또 기도할 때에 이방인과 같이 중언부언하지 말라. 저희는 말을 많이 하여야 들으실 줄 생각하느니라. 그러므로 저희를 본받지 말라. 구하기 전에 너희에게 있어야 할 것을 하나님 너희 아버지께서 아시느니라.

-마태복음 6:6-8

기도란 하나님과의 대화이다. 하나님은 영적인 분이시므로 기도하는 자도 마땅히 영적인 존재가 되어야만 하나님과 교통할 수 있을 것이다.

예수님께서는 제자들에게 시험에 들지 않도록 깨어 있어 기도하라고 하셨다. 즉, 기도하지 않으면 시험에 들게 된다는 뜻이다.

하나님을 믿고 교회에 다니는 사람들 가운데서도 간혹 기도에 대하여 그다지 중요하게 생각하지 않는 사람들이 있는 듯하다. 그들은 '하나님은 전지전능하신 분이므로 굳이 우리가 날마다 기도하지 않아도 하나님께서 우리의 모든 형편을 살펴서 알아서 다 해결해 주시겠지.'라는 안일한 생각에 사로잡혀 있다.

그러나 우리가 기도하지 않으면 전능하신 하나님도 우리에게 어떠한 일도 행할 수 없음을 우리는 알아야 한다.

우리가 기도할 때 천사들이 우리를 도와줄 수 있고 우리의 문제가 해결되며 기적이 일어나기도 하고 막혔던 담들이 무너져 내리는 역사가 생기기도 하는 것이다.

예수님께서 우리들에게 기도의 좋은 모범을 보여 주셨다.

새벽 오히려 미명에 예수께서 일어나 나가 한적한 곳으로 가사 거기서 기도하시더니

—마가복음 1:35

예수님은 사역하시느라고 몹시 바쁜 가운데서도 항상 시간을 내어서 기도하셨으며, 겟세마네의 기도처럼 힘든 일을 앞두고서는 더욱 더 간절히 기도에 몰두하셨다. 하나님의 아들이신 예수님께서도 하나님께 그토록 간절히 기도를 드리셨는데, 우리들은 더욱 더 열심히 기도를 해야 하지 않겠는가?

신앙인에게 기도는 호흡하는 것과 같다.

우리가 잠시라도 숨을 쉬지 않으면 살지 못하는 것처럼 우리가 신앙생활을 잘 유지해 나가려면 끊임없이 기도하는 생활이 필수적인 것이다.

하루에 단 5분이라도 좋으니 날마다 하나님 앞에 무릎 꿇고 기도하는 시간을 가져야 한다. 단 5분의 기도일지라도 그 기도가 날마다 꾸

준히 계속될 때 어느 순간 자기도 모르는 사이에 5분이 10분이 되고, 10분이 30분이 되고 30분이 한 시간이 되는 날이 오게 될 것이다.

나는 처음에 5분 기도로 기도 생활을 시작했다.

그때에는 내가 생각하기에는 무척 열심히 오랫동안 기도했다고 생각했지만, 기도를 끝내고 시계를 보면 항상 5분 정도밖에 시간이 지나지 않았었다. 그래도 나는 거의 날마다 작은 골방에서 무릎을 꿇고 하나님께 기도를 드렸다.

비록 5분간의 기도일지라도 무척 간절히 기도했다.

그 당시 기도의 내용은 무엇인지 구체적으로 생각이 잘 나지 않지만 대개 선교사들을 위한 기도와 가족을 위한 기도였던 것 같다. 그리고 나서 몇 년 후에 내가 성령 세례를 받고나서, 내 방에서 방언으로 기도를 처음 시작했을 때의 일이다.

방언을 말하는 자는 사람에게 하지 아니하고 하나님께 하나니 이는 알아듣는 자가 없고 그 영으로 비밀을 말함이니라.
-고린도전서 14:2

그날 나는 구역 예배 중에 방언을 받고 예배가 끝나자 집으로 돌아와서 내 방에서 무릎을 꿇고 하나님께 방언으로 기도를 드리기 시작하였다. 그때 나는 내 입에서 쏟아져 나오는 유창한 방언들이 너무나 놀랍고 신기해서 기쁨으로 기도를 드렸다. 주님께서는 나로 하여금 먼저 주님의 십자가의 고통을 느끼게 하셨으며 그 다음에 나의 죄를 눈물로 회개하게 하셨다. 그리고 나서 간구의 기도와 찬송을 반복하며 방언으로 계속 기도를 드렸다.

기도를 다 마치고 나서 시간을 보니 한 시간이 훨씬 넘어 있었다. 내가 생각하기에는 30분 정도밖에 시간이 지나지 않은 것 같았는데 한 시간이 넘도록 기도를 한 것이었다. 계속 무릎을 꿇고 기도를 했지만 한 시간이 넘도록 전혀 무릎이 아프거나 불편한 것을 느끼지 못했다. 나는 온전히 성령님께 사로잡혀 기도를 드렸던 것이다.

그때 나는 나의 영혼이 주님과 합치되는 것을 느낄 수 있었다.

기도는 영혼과 영혼의 만남이요, 하나님과의 영적인 교류이다. 지금 현재 우리가 살고 있는 세계는 시간과 공간의 지배를 받는 3차원의 물질세계이다. 그러나 기도는 시간과 공간을 초월하는 4차원의 영적인 세계에 속하는 것이다.

기도의 힘은 참으로 크고도 무한하다. 우리가 기도할 때 불가능한 일도 가능하게 되고 물질적인 환경에 지배받지 아니하고 오히려 물질적인 환경을 능히 지배할 수 있게 되는 것이다.

만일 너희 속에 하나님의 영이 거하시면 너희가 육신에 있지 아니하고 영에 있나니 누구든지 그리스도의 영이 없으면 그리스도의 사람이 아니라.

-로마서 8:9

우리가 영적인 사람이 되려면 날마다 기도해야 한다. 우리가 기도를

할 때 4차원의 세계에 속할 수 있으며 하나님의 영, 즉 성령님의 인도
하심을 받을 수 있는 것이다.

휴거에 대하여

주께서 호령과 천사장의 소리와 하나님의 나팔로 친히 하늘로 좇아 강림하시리니 그리스도 안에서 죽은 자들이 먼저 일어나고, 그 후에 우리 살아남은 자도 저희와 함께 구름 속으로 끌어올려 공중에서 주를 영접하게 하시리니 그리하여 우리가 항상 주와 함께 있으리라.
— 데살로니가전서 4:16-17

보라 내가 너희에게 비밀을 말하노니 우리가 다 잠잘 것이 아니요 마지막 나팔에 순식간에 홀연히 다 변화하리니 나팔 소리가 나매 죽은 자들이 썩지 아니할 것으로 다시 살고 우리도 변화하리라.
— 고린도전서 15:51-52

내가 믿음이 그다지 없었을 때에 우연히 『휴거』라는 소설책을 읽고 한동안 강한 충격과 공포에 휩싸였던 적이 있었다. 그때까지만 해도 '휴거'에 대해서 거의 무지한 상태여서 정말 '휴거'라는 일이 일어날 수 있는지에 대해서 의문을 가지곤 했었다.

'휴거'란 한마디로 말해서 들림을 받는다는 것이다.

한동안 다미 선교회의 '1992년 10월 휴거설'로 온 나라와 교회가 떠들썩했던 적이 있었다.

그들은 휴거의 날짜까지 지정해서 그날 밤에 모두 흰 옷을 입고 한 자리에 모여서 휴거를 기다렸다고 한다. 그러나 결국 그들이 바라던 휴거는 일어나지 않았고 그들은 세인들의 조소와 비난을 받아야만 했다.

예수님께서도 분명히 말씀하셨다. 그날과 그 시는 천사도 모르고 아들도 모르고 오직 하나님만 아신다고 말이다. 휴거가 언제 일어날지 우리는 알 수 없다. 그러나 중요한 사실은 예수님을 믿는 모든 사람들이 다 휴거가 되는 것은 아니라는 점이다.

그때에 두 사람이 밭에 있으매 하나는 데려감을 당하고 하나는 버려둠을 당할 것이요, 두 여자가 매를 갈고 있으매 하나는 데려감을 당하고 하나는 버려둠을 당할 것이니라.

-마태복음 24:40-41

우리가 휴거에 참여하려면 날마다 성령충만한 생활을 하며 깨어서 기도해야 할 것이다. 왜냐하면 언제 주님이 오실지 우리는 알지 못하기 때문이다.

'휴거'는 참으로 비밀스러운 일에 속한다. 하지만 예수님을 믿는 우리들은 당연히 휴거에 대하여 알아야 하고, 또 나중에 휴거에 참여해야만 하는 것이다.

만일 그때 휴거에 참여하지 못하고 이 땅에 남는다면 7년 대환란을 고스란히 겪어야 하는데, 어떻게 그런 고통을 감당할 수 있겠는가.

그러므로 성도들은 다가올 휴거에 대비하여 날마다 깨어서 기도하며 준비하고 있어야 할 것이다. 슬기로운 다섯 처녀처럼 성령의 등불이 꺼지지 않도록 미리미리 기름을 많이 준비하고 있어야 한다.

십일조에 대하여

만군의 여호와가 이르노라. 너희의 온전한 십일조를 창고에 들여 나의 집에 양식이 있게 하고 그것으로 나를 시험하여 내가 하늘문을 열고 너희에게 복을 쌓을 곳이 없도록 붓지 아니하나 보라.

−말라기 3:10

나는 오랫동안 교회에 다녔지만 십일조에 대해서 거의 무지했었다. 십일조는 장로나 권사, 집사 등 직분자들만 하는 것으로 생각했고, 십일조는 왜 해야 하며 십일조를 하면 어떤 일이 생기는지에 대해서 전혀 몰랐다. 결혼 전에 잠시 방송국에 다니면서 월급을 받은 적이 있었다. 하지만 십일조를 할 줄을 몰라서 그 돈을 먼저 하나님께 드리지 못했다.

그래서인지 그때 분명히 월급을 받고 있었지만 통장에는 돈이 모이지 않았고 이상하게도 항상 생활비가 모자라기만 하였다.

결혼을 하고 나서 2년 후에 시댁에서 함께 살 때의 일이다. 어느 날 밤 꿈에서 담임 목사님께서 나에게 십일조 헌금 봉투를 건네주시는 것이었다. 그 꿈을 꾸고 나서 그 뜻을 곰곰이 생각해보았다. 어렴풋이 십일조 헌금을 해야 한다는 생각이 들었다. 그러나 선뜻 그 일을 실천에 옮기지 못하였다. 그저 생활비에서 약간을 떼어서 십일조 봉투에 넣는 것이 고작이었다.

당시 나는 내가 낸 헌금이 내 스스로 생각하기에 몹시 큰 액수라고 여겨졌다. 하지만 지금 돌이켜 생각해보면 십일조 헌금에는 비교할 수도 없는 지극히 작은 액수였다. 그러던 어느 주일날, 담임목사님께서 십일조 헌금에 대한 설교를 하셨다. 만일 십일조를 하지 않으면 나중에 하나님께서 이자에 이자를 쳐서 그 배로 가져가신다는 말씀이었다.

나는 그때 그 설교 말씀이 상당히 귀에 거슬렸었다. 아무리 십일조 헌금을 하지 않는다고 해서 공의로우신 하나님께서 그 배로 가져가신다니 도무지 이해가 되지 않았다.

그러나 얼마 후에 그러한 말씀이 나에게 현실로 다가오게 되는 사건이 생기고 말았다.

그때까지만 해도 우리에겐 자가용이 없었다. 남편이 오랫동안 해외에 나가 있었기 때문에 자가용을 구입할 필요도 없었을 뿐만 아니라 그다지 필요한 것도 아니어서 우리는 자가용 구입에 대한 생각조차 하지 않고 있던 상태였었다.

그런데 우리와 함께 살고 있던 시동생은 자가용을 지니고 있었다. 그다지 새 차는 아니었지만 중고차로 보기에는 아까운 그런 자동차였다. 그런데 어느 날 시동생이 불쑥 우리에게 그 자가용을 주겠다고 하였다. 자기는 곧 중국으로 들어가게 되니까 자가용이 필요 없으므로 우리에게 주겠다는 것이다. 나는 어리석게도 진짜 공짜로 우리에게 자가용을 주겠다는 말로 듣고 그다지 싫지 않았다. 그러나 아무리 시동생이지만 공짜로 자가용을 받을 수는 없었다. 그래서 시동생에게 자가용 값으로 얼마를 주면 되겠느냐고 물어 보았더니 이백만 원을 달라고 하였다. 그래서 선뜻 그 금액을 시동생에게 건네주었다.

시동생이 중국으로 떠나고 얼마 되지 않아서 자동차 할부 고지서가 날아왔다. 나중에 알고 보니 그 자동차는 월 12만원씩 1년 몇 개월 동안의 할부 금액이 남아 있는 상태였다. 시동생에게 속았다는 생각이 들면서 그가 몹시 괘씸하게 생각되었다.

그래서 그가 중국에서 돌아오기만을 하루하루 기다리며 나중에 그가 돌아오면 꼭 따져보겠노라고 벼르고 있었다. 나중에 그 자동차로 인해서 시동생과 말다툼까지 하게 되었고, 결국 그 차를 다른 사람에게 되파는 과정을 거치면서 정신적·물질적인 손해를 입어야만 했었다.

그러한 일이 왜 일어났는지 그때는 깨닫지 못했지만 나중에 깨닫고 보니 내가 십일조 헌금을 드리지 않았기 때문에 하나님께서 그러한 사건을 통하여 어려움을 주신 것이었다.

분당으로 이사를 오면서부터 십일조 헌금을 제대로 하게 되었다. 그런데 매달 꼬박꼬박 십일조 헌금을 잘 내고 있다가 어느 날 갑자기 십일조 헌금으로 내는 돈이 아깝다는 생각이 들었다. 내가 내는 헌금이 과연 하나님께서 받는 것인지도 의심스러웠고 교회에서 그 돈을 어떻게 쓰는지에 대해서도 의심이 들었다. 그래서 어느 날, 십일조 봉투에 평소보다 십분의 일을 줄인 금액을 헌금으로 넣었다. 왠지 모르게 하나님을 속였다는 사실에 대해서 두려운 마음이 드는 것을 느낄 수 있었다.

며칠 후에 그 두려움은 현실로 다가왔다. 두 아이를 데리고 놀이터에 놀러갔다가 갑자기 큰아이가 다치는 사건이 생긴 것이다. 그 사고는 참으로 우연히, 그리고 급작스럽게 일어났다.

그때 나는 작은아이가 모래 장난을 하면서 놀고 있는 것을 보다가 우연히 안면이 있는 아줌마를 놀이터에서 만나서 그녀와 함께 잡담을 나누느라고 정신이 없을 때였다. 잠시 후에 큰애가 우는 소리가 들리고, 이웃집 아줌마의 다급한 목소리가 들렸다. 큰아이가 놀던 그네 쪽으로 뛰어갔을 때에는 이미 머리를 다쳐서 피가 많이 흐르고 있는 상태였다. 누가 밀었는지 모르지만 큰아이는 놀이터 그네에 머리를 부딪친 것이었다. 너무나 놀라고 당황해서 머리에서 피가 흐르는 큰아이를 데리고 약국으로 갔다. 응급처치라도 받아보려는 생각에서였다.

그러나 약사는 그저 가제를 한 장 상처에 대 주면서 빨리 병원에 가 보라고 하였다. 병원에 가려고 생각하니 참으로 막막하였다. 차도 없고 택시도 잘 없어서 계속 머리에서 피가 흐르고 있는 아이를 어떻게 병원까지 데리고 갈 수 있을지 걱정이었다. 그래서 큰애를 데리고 집으로 와서 구역장에게 전화를 했다. 그랬더니 그 구역장이 차가 있는 다른 구역장에게 연락을 해 주어서 다행히 큰아이를 데리고 그 차를 타고 병원에 가서 수술을 받을 수 있었다. 나중에 알고 보니 다섯 바늘이나 꿰맨 수술이었다.

그때 일을 생각하면 아직도 가슴이 철렁 내려앉는다. 순간적인 나의 불신으로 말미암아 아들이 나 대신 고통을 당한 것이었다. 그 일을 통하여 나는 '하나님께서는 좋은 분이시지만 우리가 잘못된 길로 갈 때에는 우리를 사정없이 징계하시는 무서운 분이시라는 것을 깨달았다.

아무튼 그 일 이후로는 지금까지 나는 십일조에 대해서는 철저하게 지키고 있다. 또한 이제는 십일조 헌금에 대해서 아까운 생각이 조금도 들지 않는다. 십일조는 당연히 하나님의 것이므로 마땅히 하나님께 드려야 하는 것으로 생각하니까 그런가보다.

십일조 헌금을 하고 나서부터 하나님께 축복받은 것은 무엇보다도 두 아이의 건강 축복일 것이다. 예전에는 거의 한 달에 서너 차례씩 두 아이의 병치레로 병원 문을 들락거려야만 했었다. 하지만 십일조 헌금을 하면서부터 언제부터인가 두 아이가 잔병치레를 하지 않는 것이었다. 그리고 쓸데없는 곳에 돈을 지출하지 않게 되었다. 예전 같으면 당연히 우리가 돈을 써야 하는 상황인데도 하나님께서는 매번 우리로 하여금 돈을 쓰지 않도록 인도해 주셨다.

몇 년 전의 일이다. 월말이 가까워서 생활비는 거의 바닥이 난 상태였고 냉장고에는 먹을 과일도 하나 없을 때였다. 교회에서 부흥성회가 있어서 예배에 참석하고 헌금을 내는 시간이 되었다.

내 지갑 속에는 오천 원 한 장만이 달랑 들어 있었다. 그 돈은 비록 작은 액수였지만 나에게는 거의 마지막으로 남아 있던 생활비 전부였었다. 잠시 그 돈을 헌금할 것인지 망설였지만 믿음으로 기쁘게 그 돈을 헌금하였다.

그러자 며칠 후에 놀라운 일이 일어났다. 남편이 시댁에 다녀오더니 쌀과 참기름과 과일 등을 잔뜩 차에 싣고 가져온 것이었다. 시부모님이 보내주신 것이었다. 대강 그 가격을 따져보니 5~6만 원은 족히 될 것 같았다. 하나님께서는 믿음으로 물질을 심은 나에게 그 십 배로 갚아 주신 것이었다. 나는 그날 너무도 기쁘고 감사해서 마음속으로 '할렐루야'를 외치고 있었다.

나의 아들과 성령님의 역사

하나님께서는 종종 나의 아들을 통하여서도 역사하셨다.

벌써 오래전의 일이다. 텔레비전에서는 '젊은이의 양지'라는 주말 연속극이 방영되고 있을 무렵이었다. 그때만 해도 텔레비전 드라마를 좋아하는 편이어서 매주 꼭 보고 있었는데 언제부터인지 그 드라마에 폭력 장면이 나오기 시작하였다. 나는 그 드라마를 재미있게 보면서도 제발 폭력 장면은 나오지 않았으면 좋겠다는 생각을 하고 있었다.

그러한 생각을 지니고 있었기 때문인지, 어느 날 기도하는 중에 그 드라마 제작자에게 드라마에 폭력 장면을 넣지 말 것을 요구하는 편지를 써야겠다는 간절한 열망이 생기는 것이었다. 그 기도 후에 며칠 동안 편지를 써야 한다는 생각과 그런 편지를 창피하게 어떻게 쓰겠느냐는 생각으로 스스로 심각한 갈등 속에 빠져들고 있었다. 그러면서 방송국에 편지를 쓰는 대신에 신문에 투고만 하고 마는 것이 더 낫지 않을까 하는 안일한 생각에 사로잡히고 있었다. 그러면서 이것도 저것도 아무것도 하지 못한 채 며칠의 시일을 흘려보내 버리고 나 스스로도 그 일을 깜박 잊어버리고 있을 때였다.

어느 날 밤에 아들이 갑자기 내게 다가와서 빨리 편지를 쓰라고 하는 것이었다. 그때 아들은 일곱 살이었다. 나는 속으로 뜨끔하면서도 애써 피하려고 "웬 편지?" 하고 되물었다. 그랬더니 아들은 무턱대고 편지를 써야 한다는 것이었다. 당시 남편이 외국에 나가 있었기 때문에 아빠에게 편지를 쓰라는 말일 수도 있었다. 그러나 남편에게는 며칠 전에 이미 편지를 써서 보낸 상태였다. 그래도 혹시나 해서, "무슨 편지? 아빠에게는 벌써 편지 썼는데?" 했더니 아들은 그래도 편지를 써야 한다고 우기는 것이었다. 그때 나는 확실히 깨달을 수 있었다.

하나님께서 아들을 통하여 방송국에 그 편지를 써서 보낼 것을 지시하시는 것이었다. 그래서 나는 하나님의 뜻에 순종하기로 결심하고 그날 새벽까지 편지를 써서 그 드라마의 담당 PD에게 보내게 되었다.

그 편지를 보내고 나서 놀라운 일이 일어났다. 그때까지만 해도 '젊은이의 양지'가 시작한 지 얼마 되지 않을 때여서 시청률이 그다지 높지 않았었다. 그런데 얼마 안 가서 그 드라마는 장안의 화제를 몰고 오면서 계속 시청률 1위를 유지하게 된 것이다. 그런데 내가 그 편지를 보내고 나서부터는 왠지 모르게 그 드라마에서 폭력장면을 의도적으로 많이 뺀 듯한 인상을 느낄 수 있었다.

그리고 드라마의 구색에 맞지 않게 어린이가 하나님께 기도를 드리는 장면도 잠시 방송된 적이 있었다. 아마 하나님께서는 그 드라마가 시청률 1위가 될 것을 미리 아시고, 폭력 드라마가 되는 것을 미연에 방지시키기 위해서 나에게 그 편지를 쓰게 하신 것이리라.

제사에 대하여

대저 이방인의 제사하는 것은 귀신에게 하는 것이요, 하나님께 제사하는 것이 아니니 나는 너희가 귀신과 교제하는 자 되기를 원치 아니하노라. 너희가 주의 잔과 귀신의 잔을 겸하여 마시지 못하고 주의 상과 귀신의 상에 겸하여 참예치 못하리라.

-고린도전서 10:20-21

위로 하늘에 있는 것이나 아래로 땅에 있는 것이나 땅 아래 물속에 있는 것의 아무 형상이든지 만들지 말며 그것들에 절하지 말며 그것들을 섬기지 말라.

-출애굽기 20:4-5

참으로 오랫동안 우리는 습관적으로 조상에 대한 제사를 지내왔다. 하나님을 믿지 않는 가정은 물론이고 심지어 하나님을 믿는 가정에서도 대부분의 사람들이 조상 제사는 우리의 전통이니까 또는 우리의 고유한 문화이니까 마땅히 제사를 지내도 죄가 되지 않는다고 생각하는 것 같다.

교회를 다니는 사람들 중에도 제사를 지낼 때에 제사상 앞에서 절을 하는 사람들이 있고, 제사 음식을 먹는 경우도 있다. 그것은 분명히 성경에 비추어 볼 때 잘못된 일인데도 대부분의 사람들이 그것을 의식하지 못하고 있는 것 같다.

그저 '가정의 화목을 위해서 제사쯤 지내면 어떠랴' 하는 심정으로 제사를 지내는 것이다. 그러나 성경을 보면, 제사는 귀신에게 하는 것이며 제사를 지내는 것은 곧 귀신과 교제하는 자가 되는 것이라고 분명히 명시되어 있다.

대부분의 사람들은 제사를 지낼 때 죽은 조상이 오는 것이라고 생각하고 있는데, 그것은 잘못된 생각이다. 성경에 의하면, 한 번 죽은 영혼은 천국이나 지옥에 갈 뿐, 이 땅에 다시는 내려올 수 없는 것이다. 제사를 지낼 때 죽은 조상이 오는 것이 아니라 사실은 죽은 조상을 가장한 악령들이 오는 것이다.

우리가 제사를 지낼 때 우리들은 단순히 죽은 조상들에게 절을 하는 것으로 착각하고 있지만, 사실은 마귀들 앞에 절하는 것이 되고 만다는 사실을 알아야 한다. 제사를 지낼 때 결과적으로 우상숭배하는 죄를 짓게 되니, 십계명 중에서 제2계명인 '우상숭배하지 말라'는 계명을 어기게 되고 마는 것이다.

제사 문제는 무엇보다도 불신 부모를 둔 기독교인 가정에서 큰 문제가 되는 것 같다. 십계명 중에서 제5계명인 '네 부모를 공경하라'는 하나님의 말씀도 지켜야 하고 제2계명인 '우상숭배하지 말라'는 계명도 지켜야 하니 참으로 난처한 것이다.

그러나 무조건 부모님의 말씀에 순종하는 것만이 능사가 아니다. 우리들은 불신 부모님들께 예수님의 복음을 전해야 할 의무가 있다. 우리가 부모님 보다 진정으로 하나님을 더 사랑한다면 하나님의 계명을 어겨서는 안 될 것이다. 오직 모든 것을 성령님께 내어 맡기고 하나님께 기도할 때 제사에 대한 문제도 자연스럽게 해결될 것이다. 우리가 하나님을 믿는다고 하면서 제사를 여전히 지낸다면 그것은 진정 참된 믿음이 아닐 것이다.

신앙 일기

　추석 연휴의 마지막 날이다. 남편과 큰아이가 평촌 시누이집에 놀러 가고 나서 어느 때처럼 큰방에서 예배상을 펴놓고 큰 소리로 찬송가를 부르기 시작했다. 찬송가를 부를 때면 항상 나의 영혼이 충만한 기쁨으로 가득 차오르는 것을 느낀다. 그리고 담대함이 생기고 내 마음속에 자리 잡고 있던 어둠의 영들이 모두 빠져나가는 것 같다.

　30분 정도 찬송을 부르고 나서 예배의 순서대로 교독문을 읽고 사도신경으로 신앙을 고백하고, 성경 말씀을 찾아서 읽고 기도하기 시작한다. 먼저 추석을 잘 지내게 해 주신 주님의 은혜에 대해 감사를 드리고, 시아버지와 시동생의 영혼 구원을 위해서, 시어머니의 관절염 치료를 위해서, 친정 식구들을 위해서, 가족과 교회를 위해서 기도했다.

　기도를 할 때면 내 마음 속에 가득히 차오르는 확신은 무엇일까? 그것은 아마 믿음일 것이다.

　기도를 할 때 희미하던 것이 뚜렷해지고 모든 의심과 불안의 구름들이 깨끗이 걷혀지는 것을 느낀다. 기도를 마치고 나서 성령님이 이끄시는 대로 둘째 아이의 손을 잡고 부흥회를 하고 있는 교회를 찾아갔다.

조그만 지하 교회. 몇 명 되지 않는 성도들…. 하지만 목사님의 말씀은 무척 은혜로웠다.

칠판에 꼼꼼히 써 가시면서 거의 3시간 동안 힘차게 설교하셨다. 중간에 성도들의 질문에 일일이 대답해 주시면서 부흥회를 이끌어 나가시는 모습이 무척 인상적이었다.

설교의 제목은 '죄사함과 회개의 문제'였다.

나는 과연 얼마나 철저히 날마다 하나님께 회개하고 있는가? 다시 한 번 돌이켜 생각해보는 시간이 되었다. 우리는 과거에 회개했다고 해서 이제는 회개하지 않아도 된다는 착각 속에 빠져 살아가는 것 같다. 우리는 매순간 얼마나 많은 죄를 짓고 있는가?

마음으로, 입으로, 행동으로, 참으로 죄짓지 않는 사람은 아무도 없을 것이다. 중요한 것은 자기의 죄를 깨닫고 얼마나 철저하게 하나님께 회개하느냐 하는 것이다. 우리가 온전히 깨끗해지지 않으면 성령님께서 우리를 통하여 온전히 역사하실 수 없을 것이다.

"하나님을 사랑하지만 하나님 뒤에 있는 축복을 사랑하는 수가 있다."

가슴이 뜨끔해지는 것을 느꼈다. 요즈음 내 마음을 온통 시집 출판에 빼앗기고 있는 것 같다. 처음에는 그저 시집이 출판만 된다면 참 좋겠다는 생각이었다. 그러나 이제 시집 출판이 확정되고 나니까 이왕이면 시집이 많이 팔렸으면 좋겠다는 생각이 든다. 그것은 나의 욕심이 아닐까? 혹시 내가 하나님을 내세워서 시집을 많이 팔려고 하는 것은 아닐까 하고 반성해보았다. 탐심이 나를 지배하지 않도록 해야겠다.

　욕심을 버리자. 그것은 곧 나를 버리는 것이다. 시집이 많이 팔리든 적게 팔리든 마음을 두지 말아야겠다. 모든 것을 주님의 뜻에 맡기자. 나는 그저 성령님이 인도해 주시는 대로 묵묵히 따라가면 되는 것이다.

　저녁에 돌아온 남편의 기분이 몹시 좋은 것 같아서 내 마음도 무척 즐거웠다.

　남편도 빨리 성령 세례를 받았으면 좋겠다.

1998년…

1998년 한 해는 나에게 참으로 놀라운 일들이 일어난 해이다.

먼저 국민일보사와 한국 크리스천 문인협회가 공동으로 주최한 전국 신앙시 공모에서 내가 최우수상을 받게 된 일이다. 그리고 크리스천 신문사의 신인 문예상 공모에서 나의 시가 당선되었으며, ≪오늘의 크리스천 문학≫과 ≪시문학≫을 통해서 시인으로 등단하게 되었다.

무엇보다도 기쁜 일은 남편이 세례를 받은 일이다. 또한 나의 첫 시집이 국민일보사 출판국을 통해서 출판되었다. 그 모든 일들이 온전히 하나님의 은혜와 그분의 세밀하신 인도 하에 이루어졌음을 깨닫는다.

전혀 변화될 것 같지 않던 남편이 이제는 주님 안에서 조금씩 변화를 받고 새사람이 되어가고 있는 모습을 볼 때, 참으로 놀랍고 신기하기만 하다. 하나님께서는 나의 기도 하나하나를 모두 다 기억하시고 그대로 다 이루어주신 것을 이제야 깨닫게 되었다.

예전에 남편의 구원을 위해서 기도할 때 참으로 나의 마음은 답답하고 아득하였다.

남편을 위해서 기도는 하지만, 과연 남편이 예수님을 믿고 구원을 받게 될 것인지 회의가 들었고, 또 언제쯤 남편이 구원을 받을지 참으로 막막하기만 했었다. 그러나 막상 이제 남편이 세례를 받고 열심히 신앙생활을 해 나가고 있는 것을 보게 되니, 예전의 그 모든 염려들이 한갓 기우였음을 깨닫게 된다. 그것을 통해서 다시 한 번 '우리가 기도한 것은 반드시 이루어진다'는 사실을 체험하게 되었다.

이번에 나의 첫 시집이 나오게 된 것도 전적으로 하나님의 은혜와 계획 하에서 이루어진 일임을 깨닫는다. 그분은 나의 오랜 소망을 아시고 내가 구하지 않아도 나에게 '시인'이라는 아름다운 이름까지 덤으로 주셨다. 예전에 나는 시인이 되기 위해서 참으로 무수한 노력을 기울였었다. 하지만 번번이 실패의 쓴잔만 마시게 되었는데, 하나님께서는 너무나 쉽고 자연스러운 방법으로 나를 시인으로 만들어 주셨다. 하나님의 사랑과 은혜에 참으로 감사를 드린다.

작년 한 해는 온전히 성령님과 동행하며 하나님과 깊고 은밀한 교제를 나눌 수 있어서 내 평생에 가장 귀하고 행복했던 순간들이었다. 하나님께 대한 사랑과 그리움을 '고백'이라는 연작시로 표현해가면서 나의 영혼은 그분의 사랑으로 더욱 빛을 발하고 아름답게 순화되어 가는 시간들이었다.

나의 첫 시집인 『당신과 함께 김치를 담글 때』는 온전히 하나님과의 공동작품임을 고백한다.

성령님께서는 매번 나에게 감동을 주셔서 나로 하여금 시를 쓰게 하셨고, 내가 시를 쓸 때마다 나에게 놀라운 은혜를 부어 주셨다. 내일생에 그토록 뜨겁게 시를 쓴 적은 아마 없었을 것이다. 하나님은 내가 기도할 때마다 항상 나에게 이렇게 말씀하셨다.

"사랑하는 나의 딸아, 내가 너를 사랑한다. 내가 너를 높여주리라."

그러면 나는 이렇게 하나님께 간청하곤 했다.

"하나님, 제가 만일 높아지면 교만해질까 두려우니 저를 너무 높여주지 마세요. 만일 제가 높아지면 하나님을 멀리 할까 두렵습니다."

그때 하나님께서는 나에게 이렇게 말씀하셨다.

"두려워하지 말라. 나는 네가 결코 교만해지지 않을 것을 알고 있노라. 나는 스스로 높아지려는 자를 낮추며 스스로 낮아지려는 자를 높여 세우느니라."

MB 대통령에게 주시는 하나님의 말씀

2008년 겨울에 기도원에서 금식 기도 중에 하나님이 다음과 같은 계시의 말씀을 주셨다.

사랑하는 나의 아들아, 내가 너를 사랑한다. 내가 너를 지극히 사랑하여 이 나라의 대통령으로 세웠느니라. 너에게 많은 어려움이 있음을 내가 알고 있노라. 원수 마귀가 날마다 너를 끌어내리려고 온갖 책동을 일삼고 있도다. 그러나 너는 거기에 굴하지 말아야 한다. 끝까지 이겨서 승리해야 한다. 그것이 나의 뜻이다.

지금 너희 나라에 어둠의 세력이 가득히 차 있도다. 공중 권세 잡은 어둠의 영들이 서울과 청와대에 가득히 들어차 있도다. 촛불 시위자들로 인하여 서울이 많은 상처를 받았도다. 너희는 현실을 보지 말고 그 배후에서 역사하는 사악한 마귀의 간계를 알아차려야 한다. 지금 마귀가 자기의 때가 얼마 남지 않았음을 알고 최대한 믿는 자들을 넘어뜨리려고 마지막 발악을 하고 있음을 너희는 알아야 한다.

기도하라. 나라를 위해서 금식 기도하라.

이 나라가 지금 심히 어려운 상황에 처해 있도다. 풍전등화의 위기에 직면해 있도다.

북한의 김정일이 중병에 걸렸다고 해서 안심하지 말라. 그보다 더 사악한 지도자가 북한에서 나올지도 모른다. 그러니 깨어서 기도하라.

북한의 주민들이 날마다 굶어 죽어가고 있도다. 내가 하늘에서 슬퍼하고 있음을 너희는 모르느냐? 그들을 도와주어라. 그들도 나의 백성이다. 너희들이 이념과 사상을 넘어서서 인도적 차원에서 굶주리는 북한 동포들을 살려주어야 하지 않겠느냐.

내가 너희들을 두고 보리라. 너희 나라가 풍족하다고 자만하지 말지어다. 나의 의를 실천하지 않을 때 너희의 풍요는 내가 한순간에 거두어 갈 것이다. 내가 너를 대통령으로 세운 것은 네 어머니의 눈물의 새벽 기도가 있었기 때문이다. 너는 교만해지지 말고 더욱 낮아져서 내 백성들을 잘 다스리기를 바란다. 청와대에서 날마다 기도와 찬송 소리가 들려야 한다. 네가 기도하지 않을 때 내가 촛대를 옮겨갈 것이다. 너는 나라를 위해서 히스기야처럼 금식 기도를 할지어다. 목숨을 걸고 기도하라.

지금 나라가 심히 위태로운 상황에 있도다. 너와 청와대 참모진들 모두가 한마음으로 기도해야 한다. 기도하지 않으면 이 어려운 난관을 헤쳐 나갈 수가 없으리라. 너희가 전심으로 기도할 때 내가 너희 나라에 평안을 줄 것이다.

무엇이든지 나에게 먼저 묻고 정치를 하여라. 다윗이 나에게 묻고 행했을 때에는 매번 전쟁마다 승리하였지만, 나에게 기도하지 않고 행했을 때에는 철저히 패배하였다.

너는 인터넷 여론에도 귀를 기울여라. 인터넷에서 떠도는 유언비어에도 관심을 가지고 국민들이 원하는 것이 무엇인지 파악하여라. 눈높이를 낮춘다는 것이 바로 그런 것이다. 화합과 상생의 정치를 하여라. 불교와도 화합해야 한다. 그것이 나의 뜻이다. 어떤 경우에도 적을 만들어서는 안 된다. 지혜가 부족하거든 나에게 구하여라. 그리하면 내가 지혜를 넘치도록 부어 줄 것이다. 촛불 시위자들을 용서해 주어라. 관용을 베풀어라. 힘들겠지만 그렇게 함으로써 그들의 마음을 움직일 수 있을 것이다.

대통령이라는 자리는 결코 만만한 자리가 아니다. 대통령이 되는 것보다 앞으로 남은 임기 동안 대통령으로서의 책무를 온전히 수행하는 것이 더 힘들고 어려울 것이다. 결코 포기해서는 안 된다. 뒤로 물러서면 마귀가 기뻐할 것이다.

대운하 건설은 섣불리 시작해서는 안 된다. 국토가 크게 훼손될 것이다. 너는 건설 회사 CEO 출신이므로 무조건 공사를 하고 보면 된다는 생각을 가지고 있는데, 공사만이 만능이 아니다. 청계천 복원 공사를 생각해보아라. 그 많은 난관과 반대를 무릅쓰고 성공은 시켰지만 그것에 대해 얼마나 많은 대가를 치러야 했는지 너는 기억할 것이다.

국민들에게 무조건 보이기 위한 정치를 하려고 생각하지 말라. 국민들은 너보다 훨씬 더 똑똑하고 현명하다. 너는 국민들의 목소리에 귀를 기울여야 한다. 정조대왕의 정치를 잘 연구해보아라. 많은 도움이 될 것이다.

지금 네가 많은 비난을 받고 있는 이유는 국민들의 마음을 네가 알지 못하기 때문이다. 그들이 진정으로 무엇을 원하는지 잘 알아야 한다. 대통령이라면 국민들이 원하는 것을 해 주어야 한다. 그들이 싫어하면 억지로 하려고 하지 마라. 그렇지 않으면 마찰이 생길 것이다. 부디 너희 나라를 잘 이끌기를 바란다. 날마다 성경을 읽고 묵상하여라. 미국의 대통령들을 본받을 지어다. 그들은 백악관에서 날마다 예배를 드리며 중요한 정치사항을 결정할 때에도 참모진들이 모두 모여서 반드시 기도하고 결정하느니라

할 수 있거든 너희는 모든 자들과 화평하라. 내가 거룩하니 너희도 거룩하게 될 지어다.

아랍과 손잡지 말라. 서울에 있는 이슬람 성전은 심히 가증한 것이다. 내가 미워하는 것이다. 이슬람 성전을 허물지 아니하면 서울이 결코 평안하지 못할 것이다. 지금 회교도들이 인도에서 선교사들을 죽이려고 모의를 하고 있다. 너희들은 정신을 차리고 깨어서 기도하라. 너희 나라에 이슬람교를 허용하지 말라. 종교와 외교는 명백히 분리하여야 한다. 조그만 이득을 얻겠다고 커다란 것을 빼앗기지 말라. 회교도들이 너희 나라를 이슬람화시키려고 포진하고 있음을 알지 못하느냐?

영적인 싸움에서 패하면 모든 것을 잃게 될 것이다. 너희가 그들을 선교해야지, 그들이 너희를 선교하게 만들면 안 되지 않겠느냐? 너희 나라에 있는 모든 이슬람교인들을 파악하고 그들의 포교활동을 금지

시켜라. 이슬람 국가에서는 기독교인들을 철저히 탄압하고 기독교를 믿는 것조차 금지시키고 있도다. 나의 사랑하는 종들이 선교를 하다가 이슬람 국가에서 많이 공격을 받고 순교했도다.

이슬람을 철저히 배격하라. 그들과 손잡지 말라. 그렇다고 그들과 전쟁하라는 말은 아니다. 너희가 사람을 두려워하지 말고 하나님을 두려워하라. 나는 너희의 생사화복을 주관하는 여호와 하나님이니라. 이슬람 국가들을 두려워하지 말지어다. 내가 너희 나라를 보호해 줄 것이다.

미국과의 관계를 잘 유지하여라. 미국은 아직도 내가 지극히 사랑하는 나의 야곱이다.

미국과 계속 동맹관계를 맺기를 바란다. 미국은 거대한 경제 시장을 가지고 있다. 너희 나라가 미국을 외면한다면 경제적인 손실이 심히 클 것이다. 미국산 쇠고기는 너희 나라 한우보다 더 깨끗하고 좋은 고기이니 안심하고 수입하라. 더 이상 광우병이라는 괴담에 흔들리지 말기를 바란다.

중국을 잘 주시하고 견제하라. 중국은 외면해서도 안 되지만 손을 잡아서도 안 될 것이다. 중립정책을 유지하는 것이 좋을 것이다. 장차 중국이 북한을 손에 넣으려고 오래전부터 식민지화 단계를 밟아가고 있도다. 잘못하면 북한 정권이 무너질 때 북한이 중국의 손아귀에 들어갈 수도 있음을 알아야 한다.

남북통일을 철저히 대비하라. 나의 때가 얼마 남지 않았도다. 내가 북한에서 고통받는 나의 백성들의 눈물을 더 이상 외면하지 않을 것이다. 북한의 백성들을 이제는 해방시켜 줄 것이다. 그날을 앞당기게 될 것이다. 통일이 되면 너희 나라는 세계에서 몇 번째 가는 강대국이 될 것이다. 통일을 대비하라. 북한 곳곳마다 나의 교회들이 새로이 서게 될 것이다. 북한에 앞으로 놀라운 변화가 일어날 것이다.

북한 선교를 미리 준비하라. 지금 북한의 기독교인들이 말씀에 굶주려 있도다. 그들은 성경책도 마음대로 못 읽고 찬송도 큰 소리로 못 부르고 있도다. 그 안타까움을 내가 다 알고 있도다. 너희들은 행복한 줄 알지어다. 교회에서 마음 놓고 큰 소리로 찬송가를 부르고 기도를 할 수 있음이 얼마나 큰 축복인지 너희는 깨달아야 한다. 북한의 지하 교인들이 죽음을 각오하고 나를 믿고 있도다. 내 사랑하는 백성들을 북한의 사악한 김정일이 얼마나 오랫동안 괴롭혀왔는지 내가 다 알고 있도다. 내가 김정일을 결코 용서하지 않을 것이다. 그의 목숨이 얼마 남지 않았다. 내가 곧 그의 생명을 거두어 갈 것이다.

너희는 북한의 새로운 정권이 온건주의자들이 들어서도록 기도하라. 너희가 기도하는대로 이루어질 것이다. 너희 나라에 무엇이 필요하느냐? 석유가 필요하다면 석유도 줄 것이다. 오직 너희는 나의 복음을 세계 모든 나라에 전파하라. 내가 너희 나라를 크게 들어 쓰리라. 너희 나라가 선교 사명을 온전히 감당할 때 나의 큰 축복을 받게 될 것이다.

땅끝까지 복음을 전하라. 내가 곧 오게 되리니, 구름을 타고 오리

라. 모든 사람들이 나를 보게 되리라. 그날에 믿지 않는 자들은 애통하며 부르짖겠고 믿는 자들은 커다란 기쁨으로 나를 맞이하게 되리라. 나는 알파와 오메가요, 처음과 끝이라. 이제도 있었고 장차 올 자이며 지금부터 영원까지 너희와 함께 있을 것이다. 평강이 너희에게임할지어다.

2009년 2월 6일에 받은 말씀

사랑하는 나의 딸아, 내가 너를 사랑하노라. 네가 오랫동안 고난 가운데 있었음을 내가 알고 있다. 이제 너는 새로운 일을 행하여야 하리라. 내가 너를 지명하여 불렀나니 너는 내 것이라. 이제부터 너는 나의 나팔수가 될 것이다. 내가 말하는 것을 너는 기록하여 전파하라. 내가 놀라운 비밀을 너에게 알려줄 것이다. 지혜와 지식의 말씀의 은사를 너에게 부어 주리라. 앞으로 너는 우리나라뿐만 아니라 세계만방에 나아가 복음을 전파하리라. 너는 두려워 말라. 강하고 담대하라.

너의 말년을 내가 크게 복되게 하리라. 내가 너를 들어 쓰리라. 지금까지 네가 겪은 모든 실패와 우여곡절이 다 만회될 것이다. 앞으로 너는 내가 명하는 일을 행하여라.

내가 가라 하면 갈 것이고, 오라 하면 와야 할 것이다.

너는 무엇을 두려워하느냐. 책 한 권 내는 것조차 두려워서 망설인다면 앞으로 엄청난 일을 어떻게 하려느냐? 이제는 소심증과 두려움에서 벗어나라. 내가 너를 금강석처럼 단련하였나니 이제부터는 강하고 담대할 것이다. 내가 너를 귀하게 쓰리라.

○○○교회를 보아라. 내가 일으켜 세운 교회니라. 앞으로 너에게도

그런 기회가 올 것이다. 그때에 못한다고 하지 말고 내가 명한 것이면 아멘으로 죽기 살기를 각오하고 시작하라. 앞으로 네가 책을 출판하고 나면 여기저기서 너의 존재를 알게 될 것이다. 물론 핍박도 있을 것이다. 이 모든 일에 너는 놀라지 말고 담대함으로 나아갈지어다. 내가 너를 보호해 줄 것이다.

네가 오랫동안 영적인 잠에 빠져 있었다. 이제 속히 영적인 잠에서 깨어나서 나의 일을 행할지어다. 예언 사역자가 되는 것이 너를 향한 나의 뜻이니라. 앞으로 너는 나의 계시를 받아 수많은 사람들에게 예언 사역을 해야 하리라. 세계만방에서 너를 부를 것이다.

미래의 사역을 대비하라. 정신없이 바빠질 것이다. 이때를 위하여 그동안 너를 오랜 휴식 속에 있도록 내버려 두었느니라. 이제는 일할 때가 되었다.

내가 곧 갈 때가 되었나니, 너는 나의 길을 예비하라. 예레미야처럼, 아모스처럼 너는 나의 길을 예비하라. 그 길은 험난한 길이다. 하지만 모든 어려움을 이겨내고 나의 일을 잘 행해야 하리라. 마침내 승리하리라. 내가 너에게 영광의 면류관을 씌어 주리라.

네가 나의 일을 행하면 내가 너의 가정과 가족들을 책임질 것이다.

앞으로 너는 놀라운 예언 사역자가 되리라. 너의 입에서 나오는 말들이 사람의 심령을 찌르게 되리라. 두렵고 떨리는 마음으로 너는 강단에 서야 하리라. 내가 불꽃같은 눈동자로 너를 지켜보리라. 너의 앞길을 내가 인도하리라. 성령의 기름부음이 임할 것이다.

나에 대한 첫사랑을 회복시킬 것이다. 너는 나의 신부다. 내 사랑하는 나의 순결한 신부이다. 앞으로 죄를 짓지 말고 내가 올 때까지 너의 거룩과 순결을 잘 간직하여라.

내가 너희들의 행실 하나하나를 모두 기록하고 있느니라. 너희들의 언어와 생각까지 모두 천국의 레코드에 기록되었느니라.

내 앞에는 숨길 수 있는 것이 하나도 없으리라. 그날에 내가 너희들의 죄악을 낱낱이 공개하리라. 스스로 거룩한 척 스스로 착한 척 하지 말지어다.

의로운 자는 하나도 없나니, 스스로 낮추어야 한다. 스스로를 낮출 때 내가 너희를 높여 주리라.

기존의 대형 교회들은 너무 교만해져 있도다. 앞으로 한국 교회의 판도가 재편성될 것이다. 성령의 불이 꺼져 가고 있는 무수한 교회들은 앞으로 유지하기가 심히 힘들 것이다. 내가 성령의 기름을 부은 교회들이 새롭게 여기저기서 일어날 것이다. 때가 얼마 남지 않았으므로 이름 없는 자들을 내가 들어서 사용할 것이다.

스스로 잘난 체 하지 말라. 바리새인처럼 율법의 옷을 입고 남을 정죄하지 말라. 내가 바리새인과 율법학자들에 의해서 정죄되어 십자가에 못 박힌 것처럼 오늘날도 나의 신실한 종들이 그들에 의해서 핍박받고 이단으로 내몰리고 있도다. 내가 심히 슬퍼하고 있도다.

○○○교회는 앞으로 더욱 더 놀라운 속도로 부흥에 부흥을 거듭할 것이다. 상상을 초월하여 교회가 거대해질 것이다. 그곳에서 많은 사

람들이 십자가의 군사로 훈련받고 거듭 태어날 것이다. 너도 그곳에 들어가서 한동안 훈련받아야 할 것이다. 사역에 앞서서 훈련기간이 필요하다. 그곳에서 예언 사역자들을 많이 만나게 될 것이다. 그들과 함께 기도하고 예배하는 중에 놀라운 일들이 있게 될 것이다.

새 포도주는 새 부대에 담아야 한다. 이제 너는 오랫동안 다니던 ○○○교회를 나와서 새로운 곳으로 가야 한다. 이제 네가 말씀을 받아 먹는 자가 아니라 말씀을 전하는 종이 되어야 한다. 그것이 나의 뜻이다. 언제까지 제자리에 머물러 있겠느냐. 이제 너의 자리를 박차고 나와서 새로운 세계로 한 걸음씩 내딛어야 한다. 세월을 허송하지 말라.

내가 너를 붙잡아 주리라. 내가 너와 함께 하리라.

세상일에 시간과 마음을 빼앗기지 말라. 무엇이 영적인 일이고 무엇이 육적인 일인지 잘 판단하라. 세상이 몹시 악하니 너희는 너희가 가진 믿음을 아무에게도 빼앗기지 않도록 잘 간직하여라. 뒤로 물러서지 말라. 내가 기뻐하지 않느니라. 먼저 그의 나라와 그의 의를 구하라. 그리하면 구하는 모든 것을 너희에게 줄 것이다.

이제 세계는 하나가 될 것이다. 인터넷으로 이미 세계는 하나가 되었다. 앞으로 인터넷 선교를 해야 할 것이다. 지금도 인터넷 신자들이 많이 있느니라. 인터넷 신자들도 나의 귀한 양떼들이다. 그들에게도 좋은 꼴을 먹여야 하지 않겠느냐?

과거처럼 발로 뛰어다니는 심방을 언제까지 계속 하려고 하느냐? 마귀는 이미 오래전에 인터넷을 장악하였도다. 너희 믿는 자들도 인터넷을 장악하여 인터넷을 복음의 도구로 만들어야 한다. 이제 세계는 나의 교구인 것처럼 인터넷도 나의 교구가 되었느니라.

언제까지 시대에 뒤떨어진 목회를 하려고 하느냐? 이제는 목회의 패러다임이 변해야 한다. 구시대는 이미 지나갔도다. 신세대 교인들은 신세대에 맞게 가르치고 양육해야 하느니라. 앞으로 TV뿐만이 아니라 인터넷이 놀라운 복음 전파의 매체가 될 것이다.

많은 죽어가는 영혼들이 구원받게 될 것이다. 시간이 촉박하므로 인터넷 선교가 지극히 필요하다. 앞으로 구역 예배도 인터넷으로 드리는 시대가 올 것이다. 그때를 대비하라.

내가 나의 양떼들을 너에게 부탁하노라. 그들은 지금 영적인 기갈에 들려 심히 목말라 하노라. 내가 그들의 굶주림을 아노니 그들에게 누가 영적인 기갈을 해소시키는 생명수를 부어 줄 수 있겠느냐?

이제는 설교의 홍수 시대이며 말씀이 차고 넘치는 시대에 우리가 살고 있다. 그런데 나의 양들은 날마다 영적인 목마름과 굶주림으로 쓰러져 가고 있도다.

목사들은 많지만 참으로 하늘의 능력을 입은 나의 종들은 그 숫자가 몇 명 되지 않느니라. 말세에 믿음을 보겠느냐? 내가 그들의 능력을 보리라.

지금은 성령의 시대요, 은사의 시대이다. 내가 은사를 물 붓듯이 부어 줄 것이다. 은사를 제한하지 말라. 성령의 기름부음을 사모하라. 성령이 임할 때 은사도 임하리라.

첫사랑을 사모하라. 첫사랑을 회복하라. 내가 너를 날마다 기다리고 있노라.

나의 사랑, 나의 어여쁜 자야, 일어나서 나와 함께 가자. 이제 새벽이 밝았고 아침이 가까웠으니 너는 일어나서 나를 맞이할 준비를 하여라.

내 사랑하는 신부야, 내가 너를 사랑한다. 내가 너를 사랑하여 병이 났구나. 내가 밤마다 너를 사랑하고 연모하여 병이 났도다. 천국에서 나와 만날 그날을 기대하노라. 그날은 빛나고 영광스러운 날이 될 것이다.

천국에서 잔치가 베풀어질 것이다. 그날에 초대받은 나의 신부들은 복이 있도다. 그러나 초대받지 못한 자들은 어둠에 떨어질 것이니 슬퍼하고 슬퍼할지어다.

성령의 등잔불이 꺼지지 않도록 날마다 깨어서 기도하라. 그날이 곧 다가오리라.

임박한 환란의 날에 깨어서 기도하고 준비하는 자들은 복이 있으리라.

2부
영혼을 위한 잠언시

참된 지혜는

참된 지혜는 무엇인가
그것은 하나님을 알고
하나님을 믿는 것이다.

참된 지혜는 돈으로도 살 수 없고
노력으로도 얻을 수 없다.

참된 지혜는
오직 하나님께로부터 오는 것.

우리가 하나님께 기도할 때
참된 지혜는
바람처럼
비둘기처럼
우리에게 임한다.

평안의 힘

평안이란
마음속이 호수처럼 잔잔한 것이다.

우리의 마음이 평안할 때
두려움은 사라진다.

우리의 마음이 평안할 때
모든 불안과 근심이 물러간다.

우리의 마음이 평안할 때
모든 의심은 사라진다.

평안의 힘
그것은
세상을 이길 수 있는
굳건한 능력이다.

가장 큰 사랑

남녀 간의 사랑은 아름답다.
그러나 순간적이다.

부모의 사랑은 헌신적이다.
그러나 제한된 사랑이다.

하나님의 사랑은 영속적이며
하나님의 사랑은 제한되지 않으며
하나님의 사랑은 끝이 없다.

가장 큰 사랑은
인간에 대한
하나님의 사랑이다.

고난의 유익

고난은 언제나 예고 없이 찾아온다.

고난은

우리가 초대하지 않은 손님과 같다.

고난은 어느 날 갑자기 우리에게 찾아와서

때가 되면 스스로 물러간다.

고난은 우리의 잘못 때문에 올 수도 있지만

때로는 하나님의 영광을 위해서

오는 경우도 있다.

고난은 우리를 단련시키는 풀무불과 같다.

고난의 풀무불을 잘 통과하면

우리는 더욱 빛나는 금이 될 것이다.

고난은 인생의 길에서

우리를 강하게 단련시켜주는

훌륭한 스승이 된다.

분노에 대하여

분노는 길들여지지 않은 사나운 말과 같다.
분노의 늪에 빠져들면
사람들은 쉽게 이성을 잃어버리고
사나운 말처럼 거친 숨을 내쉬며
제멋대로 뛰어다닌다.

우리가 분노할 때
가장 기뻐하는 자는 마귀이다.
마귀는 분노의 아버지이므로.

우리가 분노할 때
우리의 마음은 마귀에게 지배당한다.
우리가 분노할 때
우리는 마음의 평정을 잃어버린다.
마음의 평정을 잃게 되면
우리는 모든 것을 잃게 될 것이다.

그러므로

절대로 분노하지 말 것.

만일 분노의 물결에 자신을 맡긴다면

우리는 난파선이 될 것이다.

역사의 주관자

역사의 주관자는 누구인가.
역사의 주관자는 하나님이다.

인생의 주관자는 누구인가.
인생의 주관자는 하나님이다.

전깃줄에 앉아 있는 참새 한 마리조차도
하나님의 허락 없이는 떨어지지 않는다.

사람들은 대개
겉으로 드러난 것만 보고 판단한다.

보이지 않는 것이 보이는 것을 지배한다.

역사의 주관자는 인간이 아니라

전능하신

하나님이다.

영적인 사람

세상에는 두 가지 종류의 사람이 있다.
영적인 사람과 육적인 사람.

영적인 사람은 눈에 보이지 않는 것을 위하여
눈에 보이는 것을 희생하며 살아간다.

육적인 사람은 눈에 보이는 것을 위하여
눈에 보이지 않는 것을 외면하며 살아간다.

영적인 사람은 기도를 하고
성령의 인도함을 받으며
육적인 사람은
감정과 이성으로 모든 것을 판단한다.

영적인 사람은 성령의 지배를 받으며
육적인 사람은 세상 영의 지배를 받는다.

세상을 움직이는 것은
영적인 사람이다.

기도의 능력

기도란 무엇인가.

기도란 하나님과의 대화이다.

기도는 4차원의 세계이다.

기도는 유한한 인간이

무한하신 하나님께로 나아가는

유일한 교통로이다.

우리가 기도할 때

천사들이 우리를 도와준다.

우리가 기도할 때

하나님께서 일하시기 시작한다.

기도하지 아니하고

무엇이든지 얻으려고 생각하지 말라.

기도는

원수까지도 친구로 만들어주며

불가능을 가능으로 만들어주는

위대한 능력이 된다.

행복한 사람

마음이 가난한 사람은 행복하다.
가난한 마음속에
하늘나라를 소유하게 될 것이니.

마음이 온유한 사람은 행복하다.
온유함은 분노를 그치게 만들고
필경은
땅을 기업으로 받게 되리니.
저희가 평화의 아들이라
일컬음을 받게 되리라.

지금 슬퍼하는 사람은 행복하다.
저희가 위로를 받게 될 것이니.

마음이 깨끗한 사람은 행복하다.
저희가 하나님을 만날 수 있으리니.

긍휼히 여기는 사람은 행복하다.
저희가 긍휼히 여김을 받을 것이다.

꿈이 있는 사람

꿈이 있는 사람은

어떠한 어려움이 와도

결코 쓰러지지 않는다.

어려움은 오히려

그 꿈을 이루어 주는 훌륭한

디딤돌이 된다.

꿈이 있는 사람은

그 꿈을 이루기 위해

오랜 기간을 인내하며

자신을 연단시킨다.

꿈이 있는 사람은

하나님을 사랑하고

그 형제들을 사랑하고

자신을 사랑하며
보이지 않는 미래를
준비하는 사람이다.

꿈이 있는 사람은
결코 절망하지 않는다.

꿈이 있는 사람은
그 꿈을 스스로 포기하지 않는 한
반드시 그 꿈을 이루게 될 것이다.

첫사랑

첫사랑은 설렘으로부터 시작된다.

나의 마음이 하늘처럼 맑고

세상은 온통 봄빛으로 충만할 때

첫사랑

그것은 어느 날 갑자기

아득한 꽃보라처럼

잔잔한 향기를 흩날리며

조용한 몸짓으로 나에게 다가온다.

첫사랑

그것은 가장 아름다운 사랑이다.

첫사랑

그것은 가장 뜨거운 사랑이다.

첫사랑

그것은 가장 순수한 사랑이다.

그러나 그것은
비둘기처럼 쉽게 날아간다.

우리가 그것을 잡으려고 했을 때
그것은 어느새 꼬리를 감추며
하늘 높이 날아간다.

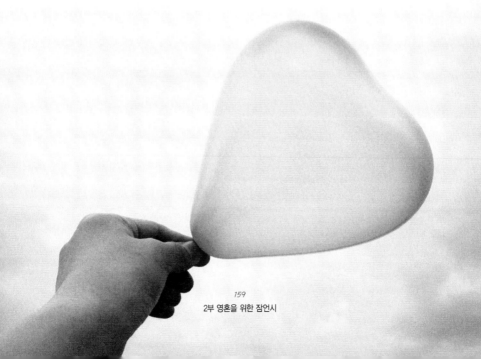

지혜로운 사람

지혜로운 사람은

자기 집을 짓되

결코 허물지 않는다.

지혜로운 사람은

말을 해야 할 때와

잠잠할 때를 알며

어려움이 다가올 때

그것을 피할 줄 아는 사람이다.

지혜로운 사람은

사물의 시기와 때를 알며

무엇이 옳고 그른지를

분별할 수 있는 사람이다.

지혜로운 사람은

섬겨야 할 자를 섬기며

순종해야 할 자 앞에 무릎을 꿇는다.

지혜로운 사람은

인간의 유한성을 깨닫고

무한하신 하나님 앞에

자신을 낮출 수 있는 사람이다.

진정한 친구

세상에 친구들은 많이 있다.
그러나 진정한 친구는 드물다.

진정한 친구는
고난에 빠진 자를 외면하지 않는다.
진정한 친구는
곰에게 물릴 위기에 처한 자를 버려두고
혼자 나뭇가지 위로 도망가지 않는다.

우리가 평안할 때에는
우리 주위에 많은 친구들이 모여든다.
그러나
우리가 위기에 처했을 때
그들은 썰물처럼 빠져 나가고
진정한 친구만이 남게 된다.

친구가 많다고 자랑하지 말라.
우리가 가진 것이 없고 병들게 되었을 때
이 세상의 친구들은 순식간에 사라지리라.

진정한 친구는 누구인가.

우리가 고난 가운데 빠졌을 때
우리에게 손 내밀고
사랑과 위로를 주시는 분

진정한 친구는 오직
예수 그리스도이다.

평안한 삶을 위하여

평안한 삶을 원하는가.
그리하면 되도록 말을 적게 할 일이다.

말은 말을 낳고
또 다른 말은 또 다른 말을 낳으리니.
말을 많이 하면 반드시
사탄이 틈타게 될 것이다.

평안한 삶을 원하는가.
그리하면 비판을 하지 말 일이다.

비판은 비판을 낳고
또 다른 비판은 또 다른 비판을 낳으리니.

비판은 평안을 위협하는
가장 커다란 적이다.

그러므로
침묵할 것.

침묵만이
평안한 삶을 위한
유일한 길이다.

부부라는 이름

부부는
이 땅에서 가장 아름다운 이름이다.
부부는 남남으로 만났지만 결혼함으로써
가장 가까운 사이가 된다.

부부는 하나님께서 축복해 주심으로
둘이 하나가 되는 것.

부부는 가정을 만들고
가정은 이 사회를 이루는 반석이 된다.

부부가 있기에
자녀가 생기고
자녀가 있음으로
가정은 더욱 아름다워진다.

부부의 사랑은

가정을 윤택하게 해 주며

부부의 사랑은

사회를 맑고 깨끗하게 가꾸어 준다.

그러므로

부부는 결코 나누이지 못하리라.

하나님이 축복해 주셨으므로.

성전을 더럽히는 죄

세상에 죄는 많고도 많다.

죄에는 몸 밖에 짓는 죄가 있고
몸 안에 짓는 죄가 있다.

우리 몸은
성령님이 거하시는 성전이다.
우리 몸을 더럽히는 죄
그것은 성전을 더럽히는 죄이다.

창기와 합하는 자들은
창기와 한 몸이 될 것이요,
간음하는 자들은 스스로
제 몸을 더럽히게 되리라.

성전을 더럽히는 죄
그것은 하나님을 모독하는 죄이다.

죄의 삯은 사망이니
성전을 더럽히면 반드시
하나님께서 그 사람을 멸하시리라.

믿음이란

믿음이란 겨자씨와 같다.
한 알의 겨자씨는 아주 작지만
땅에 심어졌을 때 자라서
풍성한 결실을 맺게 된다.

믿음이란 무엇인가.

믿음이란
눈에 보이지 않는 것을 믿는 것이다.

믿음이란
아직 이루어지지 않은 일을
이미 이루어진 것으로 믿고
기도하는 것이다.

믿음이란
하나님의 창조 섭리와
예수 그리스도의 보혈의 공로를
믿는 것이다.

진정한 믿음은 오직
하나님께로부터 오는 것.

그러므로
하나님과 예수 그리스도를 떠난 믿음은
진정한 믿음이 아닌 것이다.

가장 귀한 만남

세상에는 수많은 만남들이 있다.

부모와 자식 간의 만남이 있고

스승과 제자의 만남

친구와 친구의 만남

연인 사이의 만남

그리고

하나님과

예수 그리스도와의 만남이 있다.

누구를 만나느냐에 따라서

우리의 인생은 그대로 결정될 것이다.

우리의 인생에서

가장 큰 영향력을 끼치는 만남은

신앙적인 만남이다.

무엇을 믿느냐에 따라서
우리의 인생은 그대로 결정될 것이다.

우리의 인생에서
가장 귀한 만남은
하나님과
예수 그리스도와의 만남이다.

눈물의 기도

기도하는 사람들은 많다.
그러나
눈물로 기도하는 사람들은 흔하지 않다.

눈물의 기도는
우리의 마음을 적시고
메마른 땅을 적시고 마침내
하늘문을 열고
하나님의 마음을 감동시킬 것이다.

눈물의 기도는
죄인을 구원시키며
악인의 마음을 돌이키게 하며
심판을 용서로 바꿀 수 있는
위대한 능력이 있다.

눈물의 기도는

하나님이 결코 외면하지 않으리라.

하나님의 방법

하나님의 방법은
사람의 방법과 다르며
하나님의 뜻은 넓고 깊어
사람들이 감히 측량조차 할 수 없다.

하나님의 방법은
사람들이 쉽게 이해할 수 없고
하나님의 뜻은
사람들이 쉽게 깨달을 수 없다.

그러나
하나님의 방법은 완전하여
결코 실패하는 법이 없으며
하나님의 뜻은 온전하여
반드시 그 뜻을 이루신다.

그러므로

인간적인 방법을 버리고

오직 하나님의 방법에 따라야 한다.

하나님의 방법은

하나님께서

끝까지 책임져주실 것이므로.

커다란 비밀

성경 속에는
커다란 비밀이 감추어져 있다.
그 비밀은
인간의 학문과 지식으로는
도저히 풀 수 없으며
우매한 자의 눈으로는
보아도 보지 못하고
읽어도 깨닫지 못한다.

예수 그리스도를 만나지 못하고
어찌 성경을 깨달을 수 있을 것인가.

믿음이 없는 자의 눈에는
성경이 한갓
지나간 역사의 단편에 불과하리라.

성경 속에는
귀중한 보물이 감추어져 있다.
그 보물은 돈으로도 살 수 없고
지식으로도 살 수 없다.

오직
성령의 인도함을 받을 때
성경 속에 감추어진 보물을
발견할 수 있으리라.

하나님을 기쁘시게 하라

우리가 사람을 기쁘게 하랴.
우리가 하나님을 기쁘시게 하랴.

우리가 사람을 기쁘게 하겠는가.
사람의 눈과 귀를 즐겁게 하여
우리가 사람을 기쁘게 하겠는가.

사람을 기쁘게 하는 일은 쉽다.
그들에게 달콤한 말을 하는 것이다.
그들에게 평안하다 평안하다 외치는 것이다.
그들에게 진리를 감추고
거짓을 말하는 것이다.

하나님을 기쁘시게 하는 일은 어렵다.
하나님을 기쁘시게 하려면
사람들이 듣기 싫은 말을 해야 하고
때로는 비난과 모욕도 감수해야 하는 것이다.

우리가 사람을 기쁘게 하면
사람에게서 환영받을 수도 있을 것이다.
그러나 하나님에게서 외면받을 것이다.

우리가 하나님을 기쁘시게 하면
사람들에게서 외면받을 것이다.
그러나 하나님께서 지켜주실 것이다.

영적 전쟁

이 세상은 영적인 전쟁터이다.

이제 사탄은 공중에만 머무르지 않고
학문과 예술과 사상 속으로 침입하며
텔레비전과 비디오와 인터넷을 장악하고
가정과 학교와 사회에 침투하여
할 수 있으면 믿는 자들까지
타락시키려고 발버둥치고 있다.
이것은 사탄의 마지막이 가까왔음이니

사탄과의
영적 전쟁에서 승리하려면
영적인 기도가 절실하다.

2부 영혼을 위한 잠언시

하나님이 쓰시는 사람

하나님은 똑똑한 사람을 쓰시지 않는다.
똑똑한 사람은 교만에 빠지기 쉬우므로.

하나님은 배부른 사람을 쓰시지 않는다.
배부른 사람은 하나님을 찾지 않으므로.

하나님이 쓰시는 사람은
가난하고 비천하여
배운 것 없고 가진 것이 없어
더 이상 낮아질 것이 없는 사람이다.

광야에서 40년을 연단 받았던 모세처럼
교만하고 혈기가 많은 사람은
하나님께서 반드시 깨뜨려서 쓰신다.

하나님이 쓰시는 사람은

겸손한 사람이며

온유한 사람이며

하나님 앞에 무릎 꿇는 사람이다.

영혼의 집

육신의 집을 위해서
우리는 날마다 얼마나 많은 수고를 하는지
생각해보라.

육신의 집은 이 땅에 잠시 머무르는 곳에
불과하거늘
우리는 육신의 집을 위해서
얼마나 많은 노력과 비용을 지불하고 있는가.

영혼의 집은
우리가 영원히 살 곳이다.
영혼의 집을 위해서
우리는 무엇을 하고 있는지
생각해 볼 일이다.

육신의 집을 짓지 않고
영혼의 집을 짓는 사람은
참으로 지혜로운 사람이다.

감사는 영혼의 보약

감사는 영혼의 보약이다.
감사는 병든 자를 소생시키고
감사는 가난한 자를 부하게 만들며
감사는 절망조차도 희망으로 바꾼다.

감사는 하나님을 영화롭게 하며
감사는 우리로 하여금
하나님께 더욱 가까이 나아가게 한다.

우리가 감사할 때
불평과 원망과 비난의 말들은
우리의 입술에서 떠나가게 될 것이다.

우리가 감사할 때
우리의 영혼은 참된 평안을 얻으리라.

그러므로

기쁠 때나 슬플 때나

건강할 때나 병들었을 때나

부할 때나 가난할 때나

항상 감사할 것.

그리하면

하나님의 충만하신 은혜가 임하리라.

정직한 거울

말이란
사람을 비추어주는 거울과 같다.
어떤 말을 하느냐에 따라서
우리는 바로 그런 사람임을 알리는 것이다.

분노하는 자에게서는
분노의 말이 튀어나온다.
비판을 좋아하는 사람에게서는
언제나 비판의 말이 끊이질 않는다.

남에게 자신을 내세우고 싶은 자에게서는
언제나 자신을 자랑하는 말이 튀어나온다.

비천한 자에게서는
언제나 비천한 말들이 쏟아져 나오고
온유한 자에게서는

언제나 온유한 말들이
겸손한 자에게서는
언제나 자신을 낮추는 말들이
믿음의 사람에게서는
언제나 믿음의 말들이
불신의 사람에게서는
언제나 불신의 말들이 나온다.

그 사람이 어떤 사람인지 알기를 원한다면
그 사람이 하는 말을 들어보면 알 것이다.
말은 그 사람을 비추어 주는
정직한 거울이며
말은 곧 그 사람의 인격이므로.

비판에 대하여

비판은 독화살과도 같다.
비판의 독화살은 상대방에게
순식간에 날아가서
그 사람의 심장을 맞추게 되고 만다.

비판은 길들여지지 않은
사나운 말과 같다.

길들여지지 않은 말은 제멋대로 달려
사람들을 다치게 하고 마침내
자신마저도 상처 입게 될 것이다.

비판의 독화살을 쏜 사람은
그 자신도
반드시 비판의 독화살을 맞게 될 것이다.

하늘을 향해서 침을 뱉는 자들은

반드시 자신이 뱉은 침을 스스로 맞게 될 것이요,

비판의 말을 하는 자들은

스스로 자신을 비판하고 있는 것이다.

그러므로

타인을 절대로 비판하지 말 것.

비판은 타인뿐만이 아니라

스스로 자기 자신을 죽이는 독이 될 것이다.

예의란 무엇인가

예의란
사람과 사람사이에 마땅히 지켜야 할
일종의 법과 같다.

'법은 최소한의 도덕'이라는 말과 같이
예의는 최소한의 법과 같다.

법이 사회를 지탱해 주는 것처럼
예의는 인간관계를 지탱해준다.

법이 무너지면
사회 질서가 무너지는 것처럼
예의가 지켜지지 않으면
인간관계의 질서가 무너지고 말 것이다.

진정한 예의란 무엇인가
진정한 예의란 남의 인격을 존중해 주는 것이다.
진정한 예의란 사람으로서 마땅히 지켜야 할
기본적인 도리를 말한다.

진정한 예의란
마땅히 부모와 윗사람을 존중할 줄 알며
화가 난다고 함부로 욕을 하지 않으며
상처 입은 마음 위에 소금을 뿌리지 않는 것이다.

예의는 학식과는 전혀 무관하다
많이 배우고도 예의가 없는 사람이 있고
적게 배우고도 예의 반듯한 사람이 있다.

예의가 없는 사람은 짐승과도 같다.
짐승은 도무지 예의를 알지 못하므로.

좋은 문

세상에는 가야 할 길이 많듯이
세상에는 들어가야 할 문이 많다.

길이 있다고 모든 길을 다 갈 수 없듯이
문이 있다고 모든 문을 다 들어갈 수는 없다.

모든 길이 다 참된 길이 아니듯이
모든 문이 다 진리의 문이 아니다.

진리의 문은 그렇게 넓지 않다.
생명의 문은 너무 좁고 협착하여
그곳으로 들어가려는 사람들이 그리 많지 않다.

대부분의 사람들은 넓은 문으로 들어간다.
넓은 문은 우선 넓어서 들어가기가 쉽다.
넓은 문은 많은 사람들이 선택하므로
겉보기에는 안전한 길처럼 보인다.

넓은 문으로 들어가는 사람들은
좁은 문으로 들어가는 사람들을 바보라고 손가락질한다.
그러나
지혜로운 사람들은 좁은 문으로 들어간다.
넓은 문은 멸망으로 향하는 문이요,
좁은 문은 생명으로 인도하는 문이기 때문이다.

세상을 이기려면

이 세상은 강한 자가 사로잡고 있다.
강한 자를 이기려면
그보다 더 강한 자를 의지해야 한다.

세상을 이길 수 있는 힘은 어디에서 오는가.
세상을 이기는 것은 물질이 아니다.
세상을 이기는 것은 명예가 아니다.
세상을 이기는 것은 학문이 아니다.
세상을 이기는 것은 권력이 아니다.

우리가 세상을 이길 수 있는 힘은
오직
예수 그리스도의 보혈을 믿는
믿음에서 온다.

주님의 보혈로

우리의 죄를 깨끗이 씻을 때

우리는 주님의 사람이 되어

세상의 유혹에서

우리를 지킬 수 있을 것이다.

하늘의 천사가

우리를 보호해 줄 것이다.

이 세상의 강한 자로부터.

말(言)의 능력에 대하여

우리가 무심코 하는 말 한마디에는
대단한 능력이 있다.

우리가 평화의 말을 했을 때
우리는 평화로운 사람이 된다.
우리가 비난의 말을 했을 때
우리는 비난하는 사람이 된다.

우리가 분노의 말을 한다면
우리는 어느새 스스로를
분노의 강물에 빠트리고 있는 것이다.

우리가 기쁨의 말을 했을 때
우리는 기쁨의 사람이 될 것이요,
우리가 감사의 말을 했을 때
우리는 감사하는 사람이 될 것이다.

말이란 메아리와 같다.
어떤 말이든 우리의 입 밖을 떠나면
잠시 후
우리에게 그대로 되돌아오는 것이다.

말의 능력을 무시하지 말라.
말은 사람의 인격을 만들고
마침내
사람의 운명까지도 지배하기 때문이다.